# どんどん話そう!
# 韓国語

陸心芬／金由那／白明学／金昭鍈

朝日出版社

# はじめに

韓国語は、日本人にとって学びやすい、話しやすい、馴染みやすい言語です。それは、両言語の基本語順が同じであったり、漢字語があることなどの共通点があるからです。実際に学習してみると韓国語の習得の速さに驚くかもしれません。

この教材は韓国語を初めて学ぶ人が対象です。韓国語を楽しく勉強しながら、日常会話ができるレベルを目指す学生にとってためになる内容を多く盛り込みました。

1課あたり90分～100分を想定しているため、教師にとっても負担なく教えられます。是非学生と楽しみながら授業を進めていただければと思います。また韓国語能力試験（TOPIK）1、2級とハングル能力検定試験4、5級の主な文法と表現に対応しています。

教材の構成は次の通りです。

## Ⅰ 文字と発音編

ハングルの子音と母音を書く練習のページで発音記号が使われています。そのため、文字の習得と同時にしっかりした発音練習ができ、発音規則の変化の過程を容易に理解できるようになっています。この「文字と発音編」の学習が完了すると、ハングル文字がスラスラ読めるようになります。時間をかけて何度も確かめながらじっくり練習することがポイントです。

## Ⅱ 文法と会話編

各課では、 基本会話 を用いて、 **Step 1** 文法と表現 ・ **Step 2** 文型練習 ・ **Step 3** 応用会話 ・ **Step 4** 活動 の順に学習します。

**Step 1** 文法と表現 　基礎的な文法を学んだ後、基本会話で簡単な会話練習をします。

**Step 2** 文型練習 　말하기 （話す練習）と 쓰기 （書く練習）に分けて練習をします。

**Step 3** 応用会話 　日常で話される会話を練習した後、 入れ替え練習 を使ったロールプレイを行います。

**Step 4** 活動 　学習者が自主的に会話ができるようにアクティブラーニングを取り入れています。その課で習った文型や表現などを中心に様々なパターンの会話ができるように工夫してあります。

この本の学習を通じて韓国語のコミュニケーション能力を養い、最終的には韓国の人と会話ができる喜びを味わってほしいと思います。韓国語の学びを通して、皆さんの外国語学習への自信に繋がることを願います。

最後に、この教材が出版されるまで、ご協力をいただいた朝日出版社の山田敏之さんと松本鉄平さんに深く感謝申し上げます。

2021 年 9 月　著者一同

目次

## Ⅰ 文字と発音編

## Ⅱ 文法と会話編

本書内の会話や例文などの日本語訳には学習者の理解の助けとなるよう、意図的に直訳で表している部分があります。ときに日本語としては多少不自然な箇所がありますが、その点ご了承ください。

装丁 ― 那須彩子

イラスト ― Mio Oguma

# I

# 文字と発音
編

# 「ハングル」の文字

## 1-1 ハングル

「ハングル」は、韓国語を表記する文字の名称です。この文字は朝鮮時代（1392〜1910）の第4代の世宗大王の命令で1443年に創られました。その後3年間研究を重ねて、1446年に「訓民正音」という名で正式に公布されました。「訓民正音」は「民を訓（おし）える正しい音」という意味です。

当時、知識層は漢字を使っていましたが、一般民衆が使うには難しい文字でした。その問題に気づいた世宗大王は、民衆のために書きやすい、学びやすい文字、ハングルを作ったのです。

ハングルは科学的で合理的な文字です。母音字作りは自然の「天、地、人」をかたどった模様の「・，—，｜」を基本字にしました。子音字作りは口、喉、舌、歯などの発声器官をかたどった模様の「ㄱ，ㄴ，ㅁ，ㅅ，ㅇ」を基本字にしました。

## 1-2 母音字21個

当時のハングルの母音字は、自然の「天、地、人」をそれぞれ「・，—，｜」のような3要素を基本字にし、「—，｜」を中心に「・」を上下左右に配置して構成されていました。「・」は現在は使われず小さい横棒と縦棒に変わっています。

つまり、「｜」の左右に横棒をつけて「ㅏ，ㅓ」、「—」の上下に縦棒をつけて「ㅗ，ㅜ」の字が作られました。さらに横棒と縦棒をもう一本増やすと「ㅑ，ㅕ」「ㅛ，ㅠ」の字が生成されます。なお、基本母音字を組み合わせて合成母音字を作り上げるなどして母音字は全部で21個あります。

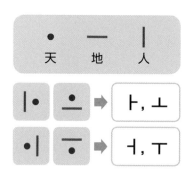

**母音の種類**

「陽母音」：「｜」線の右、「—」線の上に「・」を配置した「ㅏ，ㅑ，ㅗ，ㅛ」のことを言います。
「陰母音」：「｜」線の左、「—」線の下に「・」を配置した「ㅓ，ㅕ，ㅜ，ㅠ，—」のことを言います。
「中性母音」：どちらにも属さない「｜」のことを言います。

### (1) 基本母音字10個

| ㅏ | ㅑ | ㅓ | ㅕ | ㅗ | ㅛ | ㅜ | ㅠ | ㅡ | ㅣ |
|---|---|---|---|---|---|---|---|---|---|
| [a] | [ja] | [ə] | [jə] | [o] | [jo] | [u] | [ju] | [ɯ] | [i] |

### (2) 合成母音字11個

| ㅐ | ㅒ | ㅔ | ㅖ | ㅘ | ㅙ | ㅚ | ㅝ | ㅞ | ㅟ | ㅢ |
|---|---|---|---|---|---|---|---|---|---|---|
| [ɛ] | [jɛ] | [e] | [je] | [wa] | [wɛ] | [we] | [wə] | [we] | [wi] | [ɯi] |

## 1-3 子音字 19 個

子音字は、発声器官である口、喉、舌、歯などの模様をかたどって、「ㄱ，ㄴ，ㅁ，ㅅ，ㅇ」の基本子音字が作られました。つまり、①舌の根が喉を塞いでいる形「ㄱ」②舌先が上の歯茎についている形「ㄴ」③唇の形「ㅁ」④歯の形「ㅅ」⑤喉の形「ㅇ」です。これらの形が実際の発音の方法を示しています。

なお、基本子音字に線を一本加えたり、同じ子音を横に並べたりして子音字は全部で 19 個あります。

### (1) 基本子音字 14 個

| ㄱ | ㄴ | ㄷ | ㄹ | ㅁ | ㅂ | ㅅ |
|---|---|---|---|---|---|---|
| [k/g] | [n] | [t/d] | [r, l] | [m] | [p/b] | [s/ʃ] |
| ㅇ | ㅈ | ㅊ | ㅋ | ㅌ | ㅍ | ㅎ |
| [ø, ŋ] | [tʃ/dʒ] | [tʃʰ] | [kʰ] | [tʰ] | [pʰ] | [h] |

### (2) 濃音子音字 5 個

| ㄲ | ㄸ | ㅃ | ㅆ | ㅉ |
|---|---|---|---|---|
| [ˀk] | [ˀt] | [ˀp] | [ˀs] | [ˀtʃ] |

## 1-4 パッチム 7 種類

「パッチム」とは、「下で支える」という意味で、子音と母音の下に書かれているもう一つの子音のことです。

パッチムに使われる子音は、基本子音字 14 個と濃音子音字「ㄲ」と「ㅆ」の 2 個、それに異なる子音字を二つ組み合わせた二重パッチムが 11 個で、全部で 27 個あります。

しかし、それぞれ 27 通りの発音があるわけではなく、大きく「(1) 音が響くグループ」と「(2) 音が消えるグループ」に分けられ、実際に発音されるのは 7 種類に集約されます。

| 区分 | 発音 | パッチムになる子音字 |
|---|---|---|
| (1) 音が響くグループ | ㄴ [n] | ㄴ，ㄵ，ㄶ |
| | ㅁ [m] | ㅁ，ㄻ |
| | ㄹ [l] | ㄹ，ㄼ，ㄽ，ㄾ，ㅀ |
| | ㅇ [ŋ] | ㅇ |
| (2) 音が消えるグループ | ㄱ [k] | ㄱ，ㅋ，ㄲ，ㄳ，ㄺ |
| | ㄷ [t] | ㄷ，ㅌ，ㅅ，ㅆ，ㅈ，ㅊ，ㅎ |
| | ㅂ [p] | ㅂ，ㅍ，ㅄ，ㄿ |

　文字表記の組み合わせは、(1)「子音＋母音」と(2)「子音＋母音＋子音（パッチム）」があります。初声は必ず子音から始めます。そのため母音 [a] を文字で表記する場合にも、無音の子音字「ㅇ」を書いてから母音字「ㅏ」を付けて「아」と表記します。

## (1)「子音＋母音」

　① 左右：　ㅇ [ø] ＋ ㅑ [ja] ＝ 야 [ja]

　② 上下：　ㄱ [k] ＋ ㅜ [u] ＝ 구 [ku]

① 左右

| | 子音<br>（初声） | 母音<br>（中声） |
|---|---|---|

② 上下

| 子音（初声） |
|---|
| 母音（中声） |

## (2)「子音＋母音＋子音（パッチム）」

　③ 左右＋パッチム：　ㅎ [h] ＋ ㅏ [a] ＋ ㄴ [n] ＝ 한 [han]

　④ 上下＋パッチム：　ㄱ [k] ＋ ㅡ [ɯ] ＋ ㄹ [l] ＝ 글 [kɯl]

③ 左右＋パッチム

| 子音<br>（初声） | 母音<br>（中声） |
|---|---|
| 子音<br>（終声・パッチム） | |

④ 上下＋パッチム

| 子音（初声） |
|---|
| 母音（中声） |
| 子音<br>（終声・パッチム） |

## (1) 語順

語順は「主語 + 目的語 + 動詞」の順で日本語とほぼ同じです。名詞の後ろに助詞をつけることや語尾の活用など文法の仕組みが日本語とよく似ています。

| 저는 | 대학에서 | 한국어를 | 공부하고 | 있습니다 |
|---|---|---|---|---|
| 私は | 大学で | 韓国語を | 勉強して | います |

## (2) 単語

単語は、**固有語**、**漢字語**、**外来語**で構成されています。漢字語の読みは、韓国語では漢字一字につき基本的に一つの「音読み」だけになります。漢字一字の読み方を知っておくと日本語の漢字語の知識を使って、語彙を増やすことができます。

　① 固有語：**우리** 我々、**여기** ここ、**오빠** 兄
　② 漢字語：**사회** 社会、**회사** 会社、**가구** 家具
　③ 外来語：**뉴스** ニュース、**호텔** ホテル

## (3) 敬語

日本語と同様、丁寧語や尊敬語があります。歳や上下関係等で表現を使い分けます。

| 가니? | 갑니까? | 가십니까? |
|---|---|---|
| 行くの？ | 行きますか？ | 行かれますか？ |

## (4) 分かち書きと句読点

　分かち書きとは、単語と単語の間にスペースを入れて書くことを言います。ただし、助詞や語尾が単語の後ろに続く場合は先の文字につけて書きます。また、文章の終わりには「。」ではなく「.」を書きます。

여기에 김치가 있어요.

（ここにキムチがあります。）

# 文字と発音 (1)

　「ハングル」の文字は、母音字 21 個(基本母音字 10 個、合成母音字 11 個)、子音字 19 個(基本子音字 14 個、濃音子音字 5 個)があります。

### 2-1 基本母音字 10 個

| | 母音字 | 表記 | | 発音の仕方 | 書く練習 | |
|---|---|---|---|---|---|---|
| ① | ㅏ | [a] | 아 | 「あ」とほぼ同じ。 | 아 | 아 |
| ② | ㅑ | [ja] | 야 | 「や」とほぼ同じ。 | 야 | 야 |
| ③ | ㅓ | [ə] | 어 | 「あ」の口の形にして「お」と発音。 | 어 | 어 |
| ④ | ㅕ | [jə] | 여 | 「や」の口の形にして「よ」と発音。 | 여 | 여 |
| ⑤ | ㅗ | [o] | 오 | 唇を丸めて突き出して「お」と発音。 | 오 | 오 |
| ⑥ | ㅛ | [jo] | 요 | 「よ」とほぼ同じ。 | 요 | 요 |
| ⑦ | ㅜ | [u] | 우 | 唇を丸めて突き出して「う」と発音。 | 우 | 우 |
| ⑧ | ㅠ | [ju] | 유 | 「ゆ」とほぼ同じ。 | 유 | 유 |
| ⑨ | ㅡ | [ɯ] | 으 | 口を横に引いて「う」と発音。 | 으 | 으 |
| ⑩ | ㅣ | [i] | 이 | 「い」とほぼ同じ。 | 이 | 이 |

🖋 書き順は、左から右へ、上から下へと書く。

🖋 母音字の表記は、「子音＋母音」の組み合わせで書くが、最初の子音字「ㅇ」は無音。

🖋 「ㅓ, ㅗ」と「ㅜ, ㅡ」の発音に注意。

**練習 1** 「子音字＋母音字」を組み合わせて書いてみましょう。[ ]の中は発音記号を入れてください。

( 🔊 1-2 )

第2課

| 아 | 야 | 어 | 여 | 오 | 요 | 우 | 유 | 으 | 이 |
|---|---|---|---|---|---|---|---|---|---|
| [a] | [ja] | [ə] | [jə] | [o] | [jo] | [u] | [ju] | [ɯ] | [i] |
| 아 | 야 | 어 | 여 | 오 | 요 | 우 | 유 | 으 | 이 |
| [ ] | [ ] | [ ə ] | [ ] | [ ] | [ ] | [ ] | [ ] | [ ] | [ ] |
| | | | | | | | | | |
| [ ] | [ ] | [ ] | [ ] | [ ] | [ ] | [ ] | [ ] | [ ɯ ] | [ ] |
| | | | | | | | | | |
| [ ] | [ ] | [ ] | [ jə ] | [ ] | [ ] | [ ] | [ ] | [ ] | [ ] |

**練習 2** 次のハングルを読んでみましょう。 🔊 1-3

① 아어이　이아어　오우이　　　　② 오우으　아오어　이우으

③ 아야어여　오요우유　　　　　　④ 오요어여　이우유으

**練習 3** 単語を読みながら書いてみましょう。 🔊 1-4

① 아이 子供 ＿＿＿＿＿＿＿　　② 이유 理由 ＿＿＿＿＿＿＿

③ 오이 キュウリ ＿＿＿＿＿＿　　④ 여우 狐 ＿＿＿＿＿＿＿

⑤ 우유 牛乳 ＿＿＿＿＿＿＿　　⑥ 우아 優雅 ＿＿＿＿＿＿＿

⑦ 여유 余裕 ＿＿＿＿＿＿＿　　⑧ 여야 与野(党) ＿＿＿＿＿

**練習 4** 発音を聞いて正しい方に〇を付けましょう。 🔊 1-5

① 아 어　　② 오 우　　③ 으 이　　④ 우 으

⑤ 어 오　　⑥ 여 요　　⑦ 유 우　　⑧ 으 오

**2-2 基本子音字 14個**

子音だけでは発音できないので、ここでは母音「ㅏ」をつけた形で練習します。

| | 子音字 | | 子音+ㅏ | 発音の仕方 | 書く練習 | |
|---|---|---|---|---|---|---|
| ① | ㄱ | [k/g] | 가 | 語頭では「か」、母音間では「が」とほぼ同じ。 | 가 | 가 |
| ② | ㄴ | [n] | 나 | 「な」とほぼ同じ。 | 나 | 나 |
| ③ | ㄷ | [t/d] | 다 | 語頭では「た」、母音間では「だ」とほぼ同じ。 | 다 | 다 |
| ④ | ㄹ | [r, l] | 라 | 「ら」とほぼ同じ。パッチムの場合は[l]の発音。 | 라 | 라 |
| ⑤ | ㅁ | [m] | 마 | 「ま」とほぼ同じ。 | 마 | 마 |
| ⑥ | ㅂ | [p/b] | 바 | 語頭では「ぱ」、母音間では「ば」とほぼ同じ。 | 바 | 바 |
| ⑦ | ㅅ | [s/ʃ] | 사 | 「さ」とほぼ同じ。[i]の母音の前では[ʃi]と発音。 | 사 | 사 |
| ⑧ | ㅇ | [ø, ŋ] | 아 | 初声は「無音」、パッチムの場合は「ん」とほぼ同じ。 | 아 | 아 |
| ⑨ | ㅈ | [tʃ/dʒ] | 자 | 語頭では「ちゃ」、母音間では「ぢゃ」とほぼ同じ。 | 자 | 자 |
| ⑩ | ㅊ | [tʃʰ] | 차 | 息を激しく出しながら「ちゃ」。 | 차 | 차 |
| ⑪ | ㅋ | [kʰ] | 카 | 息を激しく出しながら「か」。 | 카 | 카 |
| ⑫ | ㅌ | [tʰ] | 타 | 息を激しく出しながら「た」。 | 타 | 타 |
| ⑬ | ㅍ | [pʰ] | 파 | 息を激しく出しながら「ぱ」。 | 파 | 파 |
| ⑭ | ㅎ | [h] | 하 | 「は」とほぼ同じ。 | 하 | 하 |

## (1) 「ㄱ, ㅋ」：舌根を上の軟口蓋につけて出す音のグループ

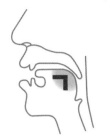

🔊 1-7

| 子音字 | | 子音+ㅏ | 書く練習 | |
|---|---|---|---|---|
| ㄱ | [k/g] | 가 | 가 | 가 |
| ㅋ | [kʰ] | 카 | 카 | 카 |

🔊 1-8

練習 **1**　「子音字＋母音字」を組み合わせて書いてみましょう。[　]に発音記号を入れてみましょう。

| 가 | 야 | 거 | 겨 | 고 | 교 | 구 | 규 | 그 | 기 |
|---|---|---|---|---|---|---|---|---|---|
| [　] | [　] | [ kə ] | [　] | [　] | [　] | [　] | [　] | [ kɯ ] | [　] |

| 카 | 캬 | 커 | 켜 | 코 | 쿄 | 쿠 | 큐 | 크 | 키 |
|---|---|---|---|---|---|---|---|---|---|
| [ kʰa ] | [　] | [　] | [　] | [　] | [　] | [　] | [kʰju] | [　] | [　] |

練習 **2**　次のハングルを読んでみましょう。　🔊 1-9

① 가 거 고 구　그 기 겨 교
② 카 커 코 쿠　크 키 켜 쿄
③ 가 카 기 키　거 코 구 크
④ 고 커 쿠 카　크 기 커 켜

練習 **3**　単語を読みながら書いてみましょう。　🔊 1-10

① 고기 肉　＿＿＿＿＿＿＿　② 야구 野球　＿＿＿＿＿＿＿

③ 이거 これ　＿＿＿＿＿＿＿　④ 가구 家具　＿＿＿＿＿＿＿

⑤ 코 鼻　＿＿＿＿＿＿＿　⑥ 쿠키 クッキー　＿＿＿＿＿＿＿

⑦ 커요 大きいです　＿＿＿＿＿＿　⑧ 켜요 点けます　＿＿＿＿＿＿

🖊 発音の変化【有声音化】：「ㄱ, ㄷ, ㅂ, ㅈ」の子音は母音と母音の間で有声音化する。

例 고기 肉　[ko-ki] → [kogi]

9

🔊 1-11

(2)「ㄴ，ㄷ，ㅌ，ㄹ」：舌先を上の歯茎につけて出す音のグループ

| 子音字 | | 子音+ㅏ | 書く練習 | |
|---|---|---|---|---|
| ㄴ | [n] | 나 | 나 | 나 |
| ㄷ | [t/d] | 다 | 다 | 다 |
| ㅌ | [tʰ] | 타 | 타 | 타 |
| ㄹ | [r, l] | 라 | 라 | 라 |

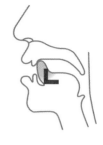

🔊 1-12

練習 **1** 「子音字＋母音字」を組み合わせて書いてみましょう。[ ]に発音記号を入れてみましょう。

| 나 | 냐 | 너 | 녀 | 노 | 뇨 | 누 | 뉴 | 느 | 니 |
|---|---|---|---|---|---|---|---|---|---|
| [ na ] | [ ] | [ ] | [ njə ] | [ ] | [ ] | [ ] | [ ] | [ ] | [ ] |
| | | | | | | | | | |

| 다 | 댜 | 더 | 뎌 | 도 | 됴 | 두 | 듀 | 드 | 디 |
|---|---|---|---|---|---|---|---|---|---|
| [ ] | [ ] | [ ] | [ ] | [ to ] | [ ] | [ ] | [ ] | [ tɯ ] | [ ] |
| | | | | | | | | | |

| 타 | 탸 | 터 | 텨 | 토 | 툐 | 투 | 튜 | 트 | 티 |
|---|---|---|---|---|---|---|---|---|---|
| [ tʰa ] | [ ] | [ ] | [ ] | [ ] | [ ] | [ ] | [ tʰju ] | [ ] | [ ] |
| | | | | | | | | | |

| 라 | 랴 | 러 | 려 | 로 | 료 | 루 | 류 | 르 | 리 |
|---|---|---|---|---|---|---|---|---|---|
| [ ra ] | [ ] | [ ] | [ ] | [ ] | [ ] | [ ] | [ ] | [ ] | [ ri ] |
| | | | | | | | | | |

🔊 1-13

練習 **2** 次のハングルを読んでみましょう。

① 나 너 노 누  느 니 뇨 뉴
② 다 더 도 두  드 디 너 도
③ 타 터 토 투  트 티 두 트
④ 라 러 로 루  르 리 려 료

🔊 1-14

練習 **3** 単語を読みながら書いてみましょう。

① 어느 どの _____
② 나라 国 _____
③ 누구 誰 _____
④ 구두 靴 _____
⑤ 다리 橋／脚 _____
⑥ 노트 ノート _____
⑦ 카드 カード _____
⑧ 라디오 ラジオ _____

## (3) 「ㅁ，ㅂ，ㅍ」：唇を閉じて出す音のグループ

| 子音字 | | 子音+ㅏ | 書く練習 | |
|---|---|---|---|---|
| ㅁ | [m] | 마 | 마 | 마 |
| ㅂ | [p/b] | 바 | 바 | 바 |
| ㅍ | [pʰ] | 파 | 파 | 파 |

🔊 1-16

**練習 1** 「子音字＋母音字」を組み合わせて書いてみましょう。[ ]に発音記号を入れてみましょう。

| 마 | 먀 | 머 | 며 | 모 | 묘 | 무 | 뮤 | 므 | 미 |
|---|---|---|---|---|---|---|---|---|---|
| [　] | [mja] | [　] | [　] | [　] | [mjo] | [　] | [　] | [　] | [　] |
| | | | | | | | | | |

| 바 | 뱌 | 버 | 벼 | 보 | 뵤 | 부 | 뷰 | 브 | 비 |
|---|---|---|---|---|---|---|---|---|---|
| [　] | [　] | [pə] | [　] | [　] | [　] | [pu] | [　] | [　] | [　] |
| | | | | | | | | | |

| 파 | 퍄 | 퍼 | 펴 | 포 | 표 | 푸 | 퓨 | 프 | 피 |
|---|---|---|---|---|---|---|---|---|---|
| [　] | [　] | [　] | [pʰjə] | [　] | [　] | [　] | [　] | [　] | [pi] |
| | | | | | | | | | |

**練習 2** 次のハングルを読んでみましょう。　🔊 1-17

① 마 머 모 무　므 미 뮤 며
② 바 버 보 부　브 비 뵤 벼
③ 파 퍼 포 푸　프 피 펴 표
④ 부 퍼 무 브　모 피 마 버

**練習 3** 単語を読みながら書いてみましょう。　🔊 1-18

① 고구마 サツマイモ ＿＿＿＿＿＿＿
② 머리 頭 ＿＿＿＿＿＿＿
③ 부부 夫婦 ＿＿＿＿＿＿＿
④ 나비 チョウ ＿＿＿＿＿＿＿
⑤ 피아노 ピアノ ＿＿＿＿＿＿＿
⑥ 커피 コーヒー ＿＿＿＿＿＿＿
⑦ 마트 スーパー ＿＿＿＿＿＿＿
⑧ 포도 ブドウ ＿＿＿＿＿＿＿

第2課

(4)「ㅅ，ㅈ，ㅊ」：歯と歯茎の隙間から出す音のグループ

1-19

| 子音字 | | 子音＋ㅏ | 書く練習 | |
|---|---|---|---|---|
| ㅅ | [s/ʃ] | 사 | 사 | 사 |
| ㅈ | [tʃ/dʒ] | 자 | 자 | 자 |
| ㅊ | [tʃʰ] | 차 | 차 | 차 |

1-20

練習 1　「子音字＋母音字」を組み合わせて書いてみましょう。[　]に発音記号を入れてみましょう。

| 사 | 샤 | 서 | 셔 | 소 | 쇼 | 수 | 슈 | 스 | 시 |
|---|---|---|---|---|---|---|---|---|---|
| [　] | [　] | [ sə ] | [　] | [　] | [　] | [　] | [　] | [　] | [ ʃi ] |
| | | | | | | | | | |

| 자 | 쟈 | 저 | 져 | 조 | 죠 | 주 | 쥬 | 즈 | 지 |
|---|---|---|---|---|---|---|---|---|---|
| [ tʃa ] | [　] | [　] | [　] | [　] | [　] | [　] | [　] | [ tʃɯ ] | [　] |
| | | | | | | | | | |

| 차 | 챠 | 처 | 쳐 | 초 | 쵸 | 추 | 츄 | 츠 | 치 |
|---|---|---|---|---|---|---|---|---|---|
| [　] | [　] | [　] | [　] | [ tʃʰo ] | [　] | [ tʃʰu ] | [　] | [　] | [　] |
| | | | | | | | | | |

1-21

練習 2　次のハングルを読んでみましょう。

① 사 서 소 수　스 시 샤 쇼
② 자 저 조 주　즈 지 서 저
③ 차 처 초 추　츠 치 조 쳐
④ 조 처 추 스　주 차 소 자

1-22

練習 3　単語を読みながら書いてみましょう。

① 도시 都市 ＿＿＿＿＿＿＿＿＿＿
② 뉴스 ニュース ＿＿＿＿＿＿＿＿＿＿
③ 사자 ライオン ＿＿＿＿＿＿＿＿＿
④ 주소 住所 ＿＿＿＿＿＿＿＿＿＿
⑤ 주차 駐車 ＿＿＿＿＿＿＿＿＿＿
⑥ 조사 調査 ＿＿＿＿＿＿＿＿＿＿
⑦ 고주 唐辛子 ＿＿＿＿＿＿＿＿
⑧ 치마 スカート ＿＿＿＿＿＿＿＿

## (5) 「ㅇ，ㅎ」：喉から出す音のグループ

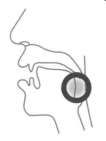

🔊 1-23

| 子音字 | | 子音＋ㅏ | 書く練習 | |
|---|---|---|---|---|
| ㅇ | [ø, ŋ] | 아 | 아 | 아 |
| ㅎ | [h] | 하 | 하 | 하 |

🔊 1-24

練習 **1**　「子音字＋母音字」を組み合わせて書いてみましょう。[　]に発音記号を入れてみましょう。

| 아 | 야 | 어 | 여 | 오 | 요 | 우 | 유 | 으 | 이 |
|---|---|---|---|---|---|---|---|---|---|
| [ a ] | [　] | [　] | [　] | [　] | [　] | [　] | [　] | [ ɯ ] | [　] |
| | | | | | | | | | |
| 하 | 햐 | 허 | 혀 | 호 | 효 | 후 | 휴 | 흐 | 히 |
| [　] | [ hja ] | [　] | [　] | [　] | [ hjo ] | [　] | [　] | [　] | [　] |
| | | | | | | | | | |

練習 **2**　次のハングルを読んでみましょう。

🔊 1-25

① 아 하 어 허　오 호 우 후
② 흐 히 호 허　오 허 우 흐
③ 오 호 유 휴　야 햐 여 혀
④ 유 후 흐 히　효 오 휴 우

練習 **3**　単語を読みながら書いてみましょう。

🔊 1-26

① 아버지 父　＿＿＿＿＿＿＿
② 어머니 母　＿＿＿＿＿＿＿
③ 아니요 いいえ　＿＿＿＿＿＿＿
④ 하나 1つ　＿＿＿＿＿＿＿
⑤ 하마 カバ　＿＿＿＿＿＿＿
⑥ 허리 腰　＿＿＿＿＿＿＿
⑦ 오후 午後　＿＿＿＿＿＿＿
⑧ 휴가 休暇　＿＿＿＿＿＿＿

**歌ってみましょう①**

### 가나다라 노래

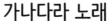

가 나 다 라　마 바 사　아 자 차 카　타 파 하

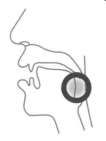

🔊 ⑹ 「子音字＋母音字」を組み合わせて書いてみましょう。

1-27

| 母音<br><br>子音 | ㅏ<br>[a] | ㅑ<br>[ja] | ㅓ<br>[ə] | ㅕ<br>[jə] | ㅗ<br>[o] | ㅛ<br>[jo] | ㅜ<br>[u] | ㅠ<br>[ju] | ㅡ<br>[ɯ] | ㅣ<br>[i] |
|---|---|---|---|---|---|---|---|---|---|---|
| ㄱ<br>[k/g] | | 갸 | | | | | | | | |
| ㄴ<br>[n] | | | | | | | | | | |
| ㄷ<br>[t/d] | | | | | | | | | | |
| ㄹ<br>[r, l] | | 랴 | | | | | | | | |
| ㅁ<br>[m] | | | | | | | | | | |
| ㅂ<br>[p/b] | | | | | | | | | | |
| ㅅ<br>[s/ʃ] | | | | | | | | | | |
| ㅇ<br>[ø, ŋ] | | | | | | | | | | |
| ㅈ<br>[tʃ/dʒ] | | | | | | | | 쥬 | | |
| ㅊ<br>[tʃʰ] | | 챠 | | | | | | | | |
| ㅋ<br>[kʰ] | | | | | | | | | | |
| ㅌ<br>[tʰ] | | | | | | | | | | |
| ㅍ<br>[pʰ] | | | | | | 표 | | | | |
| ㅎ<br>[h] | | | | | | | | | | |

14

## 2·3 濃音子音字 5個

🔊 1-28

基本子音字とは別に濃音という子音があります。濃音は息を全く出さずに喉を緊張させて発音します。

| | 子音字 | | 子音+ㅏ | 発音の仕方 | 書く練習 | |
|---|---|---|---|---|---|---|
| ① | ㄲ | [ˀk] | 까 | 「まっか」の「っか」のように。 | 까 | 까 |
| ② | ㄸ | [ˀt] | 따 | 「あった」の「った」のように。 | 따 | 따 |
| ③ | ㅃ | [ˀp] | 빠 | 「はっぱ」の「っぱ」のように。 | 빠 | 빠 |
| ④ | ㅆ | [ˀs] | 싸 | 「あっさり」の「っさ」のように。 | 싸 | 싸 |
| ⑤ | ㅉ | [ˀtʃ] | 짜 | 「ぽっちゃり」の「っちゃ」のように。 | 짜 | 짜 |

🔊 1-29

練習 1 「子音字 + 母音字」を組み合わせて書いてみましょう。[ ] に発音記号を入れてみましょう。

| 까 | 꺄 | 꺼 | 껴 | 꼬 | 꾜 | 꾸 | 뀨 | 끄 | 끼 |
|---|---|---|---|---|---|---|---|---|---|
| [ˀka] | [  ] | [  ] | [  ] | [  ] | [  ] | [  ] | [ˀkju] | [  ] | [  ] |
| | | | | | | | | | |

| 따 | 땨 | 떠 | 뗘 | 또 | 뚀 | 뚜 | 뜌 | 뜨 | 띠 |
|---|---|---|---|---|---|---|---|---|---|
| [  ] | [  ] | [ˀtə] | [  ] | [  ] | [ˀtjo] | [  ] | [  ] | [  ] | [  ] |
| | | | | | | | | | |

| 빠 | 뺘 | 뻐 | 뼈 | 뽀 | 뾰 | 뿌 | 쀼 | 쁘 | 삐 |
|---|---|---|---|---|---|---|---|---|---|
| [  ] | [  ] | [  ] | [  ] | [ˀpo] | [  ] | [  ] | [  ] | [ˀpɯ] | [  ] |
| | | | | | | | | | |

| 싸 | 쌰 | 써 | 쎠 | 쏘 | 쑈 | 쑤 | 쓔 | 쓰 | 씨 |
|---|---|---|---|---|---|---|---|---|---|
| [  ] | [ˀsja] | [  ] | [  ] | [  ] | [  ] | [ˀsu] | [  ] | [  ] | [  ] |
| | | | | | | | | | |

| 짜 | 쨔 | 쩌 | 쪄 | 쪼 | 쬬 | 쭈 | 쮸 | 쯔 | 찌 |
|---|---|---|---|---|---|---|---|---|---|
| [  ] | [  ] | [  ] | [ˀtʃə] | [  ] | [  ] | [  ] | [  ] | [ˀtʃɯ] | [  ] |
| | | | | | | | | | |

🖊 濃音子音字の中で「꾜, 뀨, 땨, 뗘, 뚀, 뾰, 쁘, 쀼, 쌰, 쎠, 쑈, 쬬, 쮸」などは韓国語の単語として使わないが、外来語の表記には使うこともある。

🔊 1-30 | 練習 **2** 　次のハングルを読んでみましょう。

① 까 꺼 떠 또　뽀 뿌 쑤 씨　　② 짜 쩌 꼬 꾸　뚜 뜨 삐 빠

③ 써 쏘 쪼 쭈　쓰 끼 쁘 찌　　④ 껴 띠 쩌 끄　뼈 뚜 싸 띠

🔊 1-31 | 練習 **3** 　単語を読みながら書いてみましょう。

① 아까 さっき ＿＿＿＿＿＿＿＿＿＿　　② 토끼 ウサギ ＿＿＿＿＿＿＿＿＿＿

③ 이따가 後で ＿＿＿＿＿＿＿＿＿　　④ 따로 別々に ＿＿＿＿＿＿＿＿＿

⑤ 오빠 兄 ＿＿＿＿＿＿＿＿＿＿　　⑥ 비싸요 高いです ＿＿＿＿＿＿＿＿

⑦ 짜요 塩辛いです ＿＿＿＿＿＿＿＿　　⑧ 가짜 偽物 ＿＿＿＿＿＿＿＿＿

🔊 1-32 | 練習 **4** 　発音を聞いて正しい方に○を付けましょう。

① 가다 行く　　까다 (皮を)むく　　② 싸다 安い　　사다 買う

③ 타다 乗る　　따다 取る　　④ 피자 ピザ　　비자 ビザ

⑤ 도끼 斧　　토끼 ウサギ　　⑥ 지다 負ける　　찌다 蒸す

⑦ 주다 あげる　　추다 踊る　　⑧ 차다 冷たい　　자다 寝る

16

## 2-4  子音字のまとめ

### (1) 発音の特徴からの分類

| | 子音字 | 発音の仕方 |
|---|---|---|
| 平音 | ㄱ, ㄷ, ㅂ, ㅅ, ㅈ | 口から息を軽く出す音。 |
| 激音 | ㅋ, ㅌ, ㅍ, ㅊ, ㅎ | 口から息を強く吐き出す音。 |
| 濃音 | ㄲ, ㄸ, ㅃ, ㅆ, ㅉ | 息を出さずに喉を詰まらせて発音。 |
| 鼻音 | ㄴ, ㅁ, (ㅇ) | 息が鼻から抜ける音。(ㅇ)はパッチムでは鼻音。 |
| 流音 | ㄹ | 舌先を軽く弾いて出す音。 |

### (2) 平音・激音・濃音の区別

| 平音 | ㄱ | ㄷ | ㅂ | ㅅ | ㅈ | |
|---|---|---|---|---|---|---|
| | [k/g] | [t/d] | [p/b] | [s/ʃ] | [tʃ/dʒ] | |
| 激音 | ㅋ | ㅌ | ㅍ | | ㅊ | ㅎ |
| | [kʰ] | [tʰ] | [pʰ] | | [tʃʰ] | [h] |
| 濃音 | ㄲ | ㄸ | ㅃ | ㅆ | ㅉ | |
| | [ʔk] | [ʔt] | [ʔp] | [ʔs] | [ʔtʃ] | |

**練習　1**　平音・激音・濃音を区別しながら発音してみましょう。　🔊 1-33

| | 平音 | 激音 | 濃音 |
|---|---|---|---|
| ① | 가구 家具 | 카드 カード | 까치 カササギ |
| ② | 다리미 アイロン | 타조 ダチョウ | 따로 別々に |
| ③ | 바지 ズボン | 파도 波 | 빠르다 早い |
| ④ | 사이 仲 | | 싸우다 けんかする |
| ⑤ | 자두 スモモ | 차트 チャート | 짜요 塩辛いです |

## 2-5 合成母音字 11個

| 子音字 | | | 標記 | 発音の仕方 | 書く練習 | |
|---|---|---|---|---|---|---|
| ① | ㅐ | (ㅏ + ㅣ) | [ɛ] | 애 | 「え」に近い。 | 애 | 애 |
| ② | ㅒ | (ㅑ + ㅣ) | [jɛ] | 얘 | 「いぇ」に近い。 | 얘 | 얘 |
| ③ | ㅔ | (ㅓ + ㅣ) | [e] | 에 | 「え」とほぼ同じ。 | 에 | 에 |
| ④ | ㅖ | (ㅕ + ㅣ) | [je] | 예 | 「いぇ」とほぼ同じ。 | 예 | 예 |
| ⑤ | ㅘ | (ㅗ + ㅏ) | [wa] | 와 | 「わ」とほぼ同じ。 | 와 | 와 |
| ⑥ | ㅙ | (ㅗ + ㅐ) | [wɛ] | 왜 | 口を大きく開けて「うぇ」。 | 왜 | 왜 |
| ⑦ | ㅚ | (ㅗ + ㅣ) | [we] | 외 | 「うぇ」とほぼ同じ。 | 외 | 외 |
| ⑧ | ㅝ | (ㅜ + ㅓ) | [wə] | 워 | 「うぉ」とほぼ同じ。 | 워 | 워 |
| ⑨ | ㅞ | (ㅜ + ㅔ) | [we] | 웨 | 「うぇ」とほぼ同じ。 | 웨 | 웨 |
| ⑩ | ㅟ | (ㅜ + ㅣ) | [wi] | 위 | 唇を丸めて前に突き出しながら素早く「うぃ」。 | 위 | 위 |
| ⑪ | ㅢ | (ㅡ + ㅣ) | [ɯi] | 의 | 最後まで唇を横に引いたまま素早く「うぃ」。 | 의 | 의 |

🌶 合成母音は似ている発音が3種類ある。「ㅐ，ㅔ」、「ㅒ，ㅖ」、そして「ㅙ，ㅚ，ㅞ」が同じように発音される。

**母音の三角図**

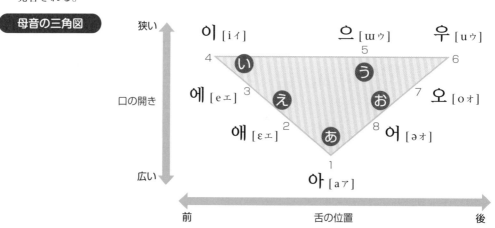

**練習 1** 発音記号通りにハングルに直し、発音してみましょう。　🔊 1-35

| 애 | | | 배 | | | | | 태 | |
|---|---|---|---|---|---|---|---|---|---|
| [ ɛ ] | [ kɛ ] | [ kʰɛ ] | [ mɛ ] | [ pɛ ] | [ pʰɛ ] | [ nɛ ] | [ tɛ ] | [ tʰɛ ] | [ rɛ ] |
| | 채 | | 때 | | | | | | |
| [ sɛ ] | [ tʃɛ ] | [ tʃʰɛ ] | [ hɛ ] | [ ʔkɛ ] | [ ʔtɛ ] | | | | |
| 얘 | | | | | | | | | |
| [ jɛ ] | [ kjɛ ] | [ tʃjɛ ] | | | | | | | |
| 에 | | | | | 페 | | | | |
| [ e ] | [ ke ] | [ kʰe ] | [ me ] | [ pe ] | [ pʰe ] | [ ne ] | [ te ] | [ tʰe ] | [ re ] |
| | | | | 께 | | | | | |
| [ se ] | [ tʃe ] | [ tʃʰe ] | [ he ] | [ ʔke ] | [ ʔte ] | | | | |
| 예 | | 례 | | | | | | | |
| [ je ] | [ kje ] | [ rje ] | [ hje ] | | | | | | |
| 와 | | | | 좌 | | | | | |
| [ wa ] | [ kwa ] | [ nwa ] | [ pwa ] | [ tʃwa ] | [ hwa ] | | | | |

**練習 2** 次のハングルを読んでみましょう。　🔊 1-36

① 애 에 예 얘　와 에 애 예

② 게 네 해 매　예 배 과 게

③ 제 와 봐 때　세 개 화 네

④ 내 배 체 레　대 계 께 놔

**練習 3** 単語を読みながら書いてみましょう。　🔊 1-37

① 개 犬　＿＿＿＿＿＿＿＿

② 게 カニ　＿＿＿＿＿＿＿＿

③ 노래 歌　＿＿＿＿＿＿＿＿

④ 얘기 話　＿＿＿＿＿＿＿＿

⑤ 메모 メモ　＿＿＿＿＿＿＿＿

⑥ 주세요 ください　＿＿＿＿＿＿＿＿

⑦ 네/예 はい　＿＿＿＿＿＿＿＿

⑧ 시계 時計　＿＿＿＿＿＿＿＿

⑨ 사과 リンゴ　＿＿＿＿＿＿＿＿

⑩ 봐요 見ます　＿＿＿＿＿＿＿＿

【練習 4】 発音記号通りにハングルに直し、発音してみましょう。

| 왜 | | | | | | | | | |
|---|---|---|---|---|---|---|---|---|---|
| [ wɛ ] | [ kwɛ ] | [ twɛ ] | | | | | | | |
| 외 | | | 되 | | | | | | 회 |
| [ we ] | [ kwe ] | [ nwe ] | [ twe ] | [ tʰwe ] | [ rwe ] | [ mwe ] | [ pwe ] | [ tʃwe ] | [ hwe ] |
| 워 | | | | | | | | | |
| [ wə ] | [ mwə ] | [ twə ] | [ tʃwə ] | | | | | | |
| 웨 | | | | | | | | | |
| [ we ] | [ kwe ] | [ hwe ] | | | | | | | |
| 위 | | | | | 쥐 | | | | |
| [ wi ] | [ kwi ] | [ twi ] | [ tʰwi ] | [ swi ] | [ tʃwi ] | [ tʃʰwi ] | [ hwi ] | | |
| 의 | | 띄 | | | | | | | |
| [ ɯi ] | [ hɯi ] | [ ˀtɯi ] | | | | | | | |

### 🖋 「의」の発音の区別

①語頭ではそのまま [ɯi] と発音。　　　　例 의사 医者 → [의사]、의자 椅子 → [의자]

②語中と子音を伴う場合は [i] と発音。　　例 예의 礼儀 → [예이]、희망 希望 → [히망]

③助詞「の」の意味で使われる場合は [e] と発音。　例 나의 모자 私の帽子 → [나에 모자]

【練習 5】 次のハングルを読んでみましょう。

① 왜 괘 왜 돼　외 뇌 되 회　　　② 워 뭐 둬 줘　웨 훼 웨 궤

③ 위 귀 뒤 쉬　쥐 취 튀 휘　　　④ 의 희 띄 외　왜 외 웨 위

【練習 6】 単語を読みながら書いてみましょう。

① 왜요? なぜですか ＿＿＿＿＿＿　　② 돼지 ブタ ＿＿＿＿＿＿

③ 회사 会社 ＿＿＿＿＿＿　　　　　④ 최고 最高 ＿＿＿＿＿＿

⑤ 워드 ワード ＿＿＿＿＿＿　　　　⑥ 뭐예요? 何ですか ＿＿＿＿＿＿

⑦ 웨이터 ウェイター ＿＿＿＿＿＿　⑧ 가위 ハサミ ＿＿＿＿＿＿

⑨ 귀 耳 ＿＿＿＿＿＿　　　　　　　⑩ 의사 医者 ＿＿＿＿＿＿

⑪ 의자 椅子 ＿＿＿＿＿＿　　　　　⑫ 회의 会議 ＿＿＿＿＿＿

【1-38】【1-39】【1-40】

20

## 聞いてみましょう

次の単語を聞いて_____の中を正しく埋めましょう。

🔊 1-41

| ① コーヒー | ② 時計 | ③ 歌 | ④ 唐辛子 |
|---|---|---|---|
| 피_____ | 시_____ | 노_____ | 고_____ |
| ⑤ 耳 | ⑥ 頭 | ⑦ 腰 | ⑧ 脚 |
| _____ | _____리 | _____리 | _____리 |
| ⑨ チョウ | ⑩ ウサギ | ⑪ ブタ | ⑫ ダチョウ |
| 나_____ | 토_____ | _____지 | 타_____ |
| ⑬ リンゴ | ⑭ ブドウ | ⑮ サツマイモ | ⑯ クッキー |
| 사_____ | _____도 | _____마 | 쿠_____ |
| ⑰ 母 | ⑱ 父 | ⑲ 兄 | ⑳ 医者 |
| 어_____니 | 아_____지 | 오_____ | 사_____ |

21

# 文字と発音 (2)

## 3-1 パッチム (終声) 7種類

| | | パッチムの種類 | | 表記 | | 発音の仕方 |
|---|---|---|---|---|---|---|
| (1) 音が響くグループ | ① | ㄴ [n] | ㄴ | 안 | [an] | 「あんない」の「あん」のように舌先を上の歯茎の裏に付けて鼻から息を出して発音。 |
| | ② | ㅁ [m] | ㅁ | 암 | [am] | 「あんま」の「あん」のように口を閉じて鼻から息を出して発音。 |
| | ③ | ㅇ [ŋ] | ㅇ | 앙 | [aŋ] | 「あんかけ」の「あん」のように舌の奥で喉を塞いで鼻から息を出して発音。 |
| | ④ | ㄹ [l] | ㄹ | 알 | [al] | 舌先を上の歯茎の裏側に付けて舌の両側から息を出して発音。 |
| (2) 音が消えるグループ | ⑤ | ㄱ [ᵏ] | ㄱ, ㅋ, ㄲ | 악 | [aᵏ] | 「あっか」の「あっ」のように舌の奥で息を止めて発音。 |
| | ⑥ | ㅂ [ᵖ] | ㅂ, ㅍ | 압 | [aᵖ] | 「あっぷ」の「あっ」のように口を閉じたまま息を止めて発音。 |
| | ⑦ | ㄷ [ᵗ] | ㄷ, ㅌ, ㅅ, ㅆ, ㅈ, ㅊ, ㅎ | 앋 | [aᵗ] | 「あった」の「あっ」のように舌先を上の歯茎の裏に付けて息を止めて発音。 |

🌶 パッチム ㄴ, ㅁ, ㅇ はすべて日本語の「ん」にあたり、発音の区別に注意。

🌶 パッチム ㄱ [ᵏ], ㅂ [ᵖ], ㄷ [ᵗ] は詰まらせて発音するので、破裂しないことに注意。

## ⑴ 音が響くグループ４種類「ㄴ, ㅁ, ㅇ, ㄹ」

練習 **1**　次の単語を４回ずつ書きながら、発音してみましょう。　🔊 1-42

| ・パッチム [n]：ㄴ | | | | |
|---|---|---|---|---|
| | | | | |
| 손 [son] | 산 [san] | 돈 [ton] | 단어 [tanə] | 언니 [ənni] |
| 손 手 | 산 山 | 돈 お金 | 단어 単語 | 언니 姉(妹からみた) |

| ・パッチム [m]：ㅁ | | | | |
|---|---|---|---|---|
| | | | | |
| 밤 [pam] | 봄 [pom] | 여름 [jərɯm] | 김치 [kimtʃhi] | 마음 [maɯm] |
| 밤 夜 | 봄 春 | 여름 夏 | 김치 キムチ | 마음 心 |

| ・パッチム [ŋ]：ㅇ | | | | |
|---|---|---|---|---|
| | | | | |
| 빵 [ʔpaŋ] | 형 [hjəŋ] | 상추 [saŋtʃhu] | 사랑 [saraŋ] | 공부 [koŋbu] |
| 빵 パン | 형 兄(弟からみた) | 상추 サンチュ | 사랑 愛 | 공부 勉強 |

| ・パッチム [l]：ㄹ | | | | |
|---|---|---|---|---|
| | | | | |
| 물 [mul] | 갈비 [kalbi] | 눈물 [nunmul] | 겨울 [kjəul] | 일본 [ilbon] |
| 물 水 | 갈비 カルビ | 눈물 涙 | 겨울 冬 | 일본 日本 |

### 🌶 発音の変化【連音化】

①パッチムの直後の初声に「ㅇ」が続くと、そのパッチムを「ㅇ」の所に移動させて発音。

　例 단어 単語 → [다너]、산이 山が → [사니]

②パッチム「ㅇ」は、直後の初声に「ㅇ」が続くと連音しない。

　例 영어 英語 → [영어]、고양이 ネコ → [고양이]

第3課

練習 2　次の単語を読んで、3回ずつ書いてみましょう。

| ① 동생 妹・弟 | ② 노래방 カラオケ店 | ③ 이름 名前 |
|---|---|---|
|  |  |  |

| ④ 일본어 日本語 | ⑤ 콜라 コーラ | ⑥ 선생님 先生 |
|---|---|---|
|  |  |  |

| ⑦ 손님 お客様 | ⑧ 필통 筆箱 | ⑨ 자전거 自転車 |
|---|---|---|
|  |  |  |

| ⑩ 운동 運動 | ⑪ 지하철 地下鉄 | ⑫ 친구 友達 |
|---|---|---|
|  |  |  |

| ⑬ 교실 教室 | ⑭ 화장지 トイレットペーパー | ⑮ 침대 ベッド |
|---|---|---|
|  |  |  |

| ⑯ 붕어빵 たい焼き | ⑰ 화장실 トイレ | ⑱ 장미 バラ |
|---|---|---|
|  |  |  |

| ⑲ 김치 キムチ | ⑳ 전화 電話 | ㉑ 영화 映画 |
|---|---|---|
|  |  |  |

練習 3　下の表の中に、練習 2 で学んだ単語が「동생」以外に 12 個あります。全部探して囲んでみましょう。書く欄 には探した単語と意味を書いてみましょう。

| 동 | 일 | 본 | 어 | 친 | 자 |
|---|---|---|---|---|---|
| 전 | 생 | 편 | 이 | 구 | 전 |
| 화 | 장 | 지 | 름 | 침 | 거 |
| 장 | 미 | 노 | 래 | 방 | 대 |
| 실 | 손 | 님 | 지 | 하 | 철 |

書く欄　例 동생 妹・弟／

_____

_____

答え：전화、화장지、장미、손님、일본어、노래방、이름、침대、자전거、지하철

## (2) 音が消えるグループ3種類「ㄱ, ㅂ, ㄷ」

**練習 1** 次の単語を4回ずつ書きながら、発音してみましょう。 🔊 1-44

| ・パッチム [k] で読まれる種類 : ㄱ, ㅋ, ㄲ | | | | |
|---|---|---|---|---|
| | | | | |
| 약 [jak] | 역 [jək] | 떡 [ʔtək] | 밖 [pak] | 부엌 [puək] |
| | | | | |
| 약 薬 | 역 駅 | 떡 餅 | 밖 外 | 부엌 台所 |

| ・パッチム [p] で読まれる種類 : ㅂ, ㅍ | | | | |
|---|---|---|---|---|
| | | | | |
| 입 [ip] | 밥 [pap] | 집 [tʃip] | 김밥 [kimʔpap] | 앞 [ap] |
| | | | | |
| 입 口 | 밥 ご飯 | 집 家 | 김밥 キンパ | 앞 前 |

| ・パッチム [t] で読まれる種類 : ㄷ, ㅌ, ㅅ, ㅆ, ㅈ, ㅊ, ㅎ | | | | |
|---|---|---|---|---|
| | | | | |
| 곧 [kot] | 듣다 [tɯtʔta] | 밭 [pat] | 끝 [ʔkɯt] | 옷 [ot] |
| | | | | |
| 곧 すぐ | 듣다 聞く | 밭 畑 | 끝 終わり | 옷 服 |
| | | | | |
| 있다 [itʔta] | 맛있다 [masitʔta] | 낮 [nat] | 꽃 [ʔkot] | 좋다 [tʃotʰa] |
| | | | | |
| 있다 ある/いる | 맛있다 美味しい | 낮 昼 | 꽃 花 | 좋다 良い |

🌶 **発音の変化【濃音化】**：パッチム [k] [p] [t] ＋初声「ㄱ, ㄷ, ㅂ, ㅅ, ㅈ」
⇒初声が [ㄲ, ㄸ, ㅃ, ㅆ, ㅉ] に変わる。

①パッチム [k]：例 식당 食堂 → [식땅]、숙제 宿題 → [숙쩨]、학교 学校 → [학꾜]

②パッチム [p]：例 입다 着る → [입따]、입장 入場 → [입짱]、접시 お皿 → [접씨]

③パッチム [t]：例 숟가락 スプーン → [숟까락]、옷장 タンス → [옫짱]

🌶 **発音の変化【激音化】**：パッチム [k] [p] [t] ＋初声「ㅎ」／パッチム「ㅎ」＋初声「ㄱ, ㄷ, ㅂ, ㅈ」
⇒初声が [ㅋ, ㅌ, ㅍ, ㅊ] に変わる。

例 축하 祝賀 → [추카]、입학 入学 → [이팍]、좋다 良い → [조타]

練習 **2** 次の単語を読んで、3回ずつ書いてみましょう。

| ① 한국 韓国 | ② 책 本 | ③ 가족 家族 |
|---|---|---|
|  |  |  |

| ④ 연습 練習 | ⑤ 숟가락 スプーン | ⑥ 젓가락 箸 |
|---|---|---|
|  |  |  |

| ⑦ 무릎 膝 | ⑧ 수업 授業 | ⑨ 도시락 お弁当 |
|---|---|---|
|  |  |  |

| ⑩ 컵 コップ | ⑪ 약속 約束 | ⑫ 숙제 宿題 |
|---|---|---|
|  |  |  |

| ⑬ 식당 食堂 | ⑭ 인터넷 インターネット | ⑮ 꽃집 花屋 |
|---|---|---|
|  |  |  |

| ⑯ 학교 学校 | ⑰ 학생 学生 | ⑱ 맛집 グルメ店 |
|---|---|---|
|  |  |  |

練習 **3** 下の表の中に、練習 **2** で学んだ単語が「한국」以外に 12 個あります。全部探して囲んでみましょう。書く欄 には探した単語と意味を書いてみましょう。

| 한 | 학 | 교 | 인 | 식 | 제 |
|---|---|---|---|---|---|
| 수 | 국 | 쪽 | 터 | 약 | 당 |
| 컵 | 업 | 책 | 넷 | 윈 | 속 |
| 맛 | 무 | 숟 | 가 | 락 | 꽃 |
| 집 | 릎 | 도 | 시 | 락 | 집 |

書く欄　例 한국 韓国／

_____

_____

_____

二重パッチム 11 個

左右の形が異なる二重パッチムは 11 個あり、二つのパッチムのうち左右どちらか一つだけを発音します。左側のパッチムを発音するものが 8 個、右側のパッチムを発音するものが 3 個あります。

・左側の子音を発音する場合：ᆪ, ᆬ, ᆭ, ᆲ, ᆳ, ᆴ, ᆶ, ᆹ

・右側の子音を発音する場合：ᆰ, ᆱ, ᆵ

| ① | ② | ③ | ④ | ⑤ | ⑥ | ⑦ | ⑧ | ⑨ | ⑩ | ⑪ |
|---|---|---|---|---|---|---|---|---|---|---|
| 앉 | 앍 | 앐 | 않 | 앎 | 앖 | 앒 | 앓 | 앎 | 앖 | 앞 |

練習 **1** 次の単語を 4 回ずつ書きながら、発音してみましょう。　🔊 1-46

| ・左側の子音を発音する | | | | | | | |
|---|---|---|---|---|---|---|---|
| | | | | | | | |
| 앉다 [안따] 座る | | | | 많다 [만타] 多い | | | |
| | | | | | | | |
| 여덟 [여덜] 8つ | | | | 넓다 [널따] 広い | | | |
| | | | | | | | |
| 싫다 [실타] 嫌だ | | | | 값 [갑] 値段 | | | |
| | | | | | | | |
| 없다 [업따] ない/いない | | | | 읽고 [일꼬] 読んで | | | |
| **・右側の子音を発音する** | | | | | | | |
| | | | | | | | |
| 닭 [닥] 鶏 | | | | 읽다 [익따] 読む | | | |
| | | | | | | | |
| 삶 [삼] 人生 | | | | 젊다 [점따] 若い | | | |

🖊 **例外 1.** パッチム「ᆰ」の直後に初声「ㄱ」が来ると、パッチムの右側の「ㄹ」で読み、初声の「ㄱ」は濃音化する。

　　　例 읽고 読んで → [일꼬]、맑고 晴れて → [말꼬]

🖊 **例外 2.** パッチム「ᆲ」の中で「밟다 踏む」は右側の「ㅂ」で読むことに注意。

　　　例 밟다 踏む → [밥따]

## 【二重パッチムの発音変化】

| 発音変化 | 内容 | 例 |
|---|---|---|
| 連音化 | 二重パッチムの直後に初声「ㅇ」が続くと、右側のパッチムだけを「ㅇ」の所に移動させて発音する。 | 앉아요 [안자요] 座ります<br>젊어요 [절머요] 若いです |
| 濃音化 | 二重パッチム（ㄶ, ㅀを除く）の直後に初声「ㄱ, ㄷ, ㅂ, ㅅ, ㅈ」が続くと、初声が [ㄲ, ㄸ, ㅃ, ㅆ, ㅉ] に変わる。 | 앉다 [안따] 座る<br>젊다 [점따] 若い |
| 激音化 | 二重パッチム「ㄶ, ㅀ」の直後に初声「ㄱ, ㄷ, ㅂ, ㅈ」が続くと、初声が [ㅋ, ㅌ, ㅍ, ㅊ] に変わる。 | 많다 [만타] 多い<br>싫다 [실타] いやだ |

🔊 1-47 **練習 2** 次の単語を発音通りにハングルで書き、読んでみましょう。

> 例 젊다 若い ⇒ [ 점따 ]

① 값 値段　　⇒ [ 　　　　 ]　　② 닭 鶏　　⇒ [ 　　　　 ]

③ 여덟 8つ　⇒ [ 　　　　 ]　　④ 짧다 短い　⇒ [ 　　　　 ]

⑤ 읽다 読む　⇒ [ 　　　　 ]　　⑥ 앉다 座る　⇒ [ 　　　　 ]

🔊 1-48 **練習 3** 次の単語を発音通りにハングルで書き、読んでみましょう。

> 例 삶아요 茹でます ⇒ [ 살마요 ]

① 넓어요 広いです ⇒ [ 　　　 ]　② 앉아요 座ります ⇒ [ 　　　 ]

③ 짧아요 短いです ⇒ [ 　　　 ]　④ 읽어요 読みます ⇒ [ 　　　 ]

⑤ 젊어요 若いです ⇒ [ 　　　 ]　⑥ 밟아요 踏みます ⇒ [ 　　　 ]

**使ってみましょう**

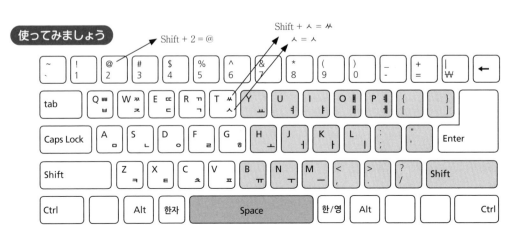

28

| | | |
|---|---|---|
| 1 | <sub>アン ニョン ハ セ ヨ</sub><br>**안녕하세요?** | こんにちは。／おはようございます。<br>／こんばんは。 |
| 2 | <sub>マン ナ ソ パン ガ ウォ ヨ</sub><br>**만나서 반가워요.** | お会いできてうれしいです。 |
| 3 | <sub>アン ニョン ヒ カ セ ヨ</sub><br>**안녕히 가세요.** | さようなら。(去っていく人に) |
| 4 | <sub>アン ニョン ヒ ケ セ ヨ</sub><br>**안녕히 계세요.** | さようなら。(残っている人に) |
| 5 | <sub>チャ レッ ソ ヨ</sub><br>**잘했어요.** | よくできました。 |
| 6 | <sub>カム サ ハム ニ ダ</sub><br>**감사합니다.** | ありがとうございます。 |
| 7 | <sub>ク レ ヨ</sub><br>**그래요?** | そうですか。 |
| 8 | <sub>マ ジャ ヨ</sub><br>**맞아요?** | 合っていますか。 |
| 9 | <sub>ミ ア ナム ニ ダ</sub><br>**미안합니다.** | すみません。 |
| 10 | <sub>ア ニ エ ヨ</sub><br>**아니에요.** | いいえ。／違います。 |
| 11 | <sub>クェン チャ ナ ヨ</sub><br>**괜찮아요.** | 大丈夫です。 |
| 12 | <sub>ア ラッ ソ ヨ</sub><br>A: **알았어요?** | 分かりましたか。 |
| | <sub>ネ ア ラッ ソ ヨ</sub><br>B₁: **네, 알았어요.** | はい、分かりました。 |
| | <sub>ア ニョ モ ル ゲッ ソ ヨ</sub><br>B₂: **아뇨, 모르겠어요.** | いいえ、分かりません。 |

第3課

29

# 仮名のハングル表記

| あ | 아 | い | 이 | う | 우 | え | 에 | お | 오 | や | 야 | ゆ | 유 | よ | 요 |
|---|---|---|---|---|---|---|---|---|---|---|---|---|---|---|---|
| か | 가(카) | き | 기(키) | く | 구(쿠) | け | 게(케) | こ | 고(코) | きゃ | 갸(캬) | きゅ | 규(큐) | きょ | 교(쿄) |
| さ | 사 | し | 시 | す | 스 | せ | 세 | そ | 소 | しゃ | 샤 | しゅ | 슈 | しょ | 쇼 |
| た | 다(타) | ち | 지(치) | つ | 쓰 | て | 데(테) | と | 도(토) | ちゃ | 자(차) | ちゅ | 주(추) | ちょ | 조(초) |
| な | 나 | に | 니 | ぬ | 누 | ね | 네 | の | 노 | にゃ | 냐 | にゅ | 뉴 | にょ | 뇨 |
| は | 하 | ひ | 히 | ふ | 후 | へ | 헤 | ほ | 호 | ひゃ | 햐 | ひゅ | 휴 | ひょ | 효 |
| ま | 마 | み | 미 | む | 무 | め | 메 | も | 모 | みゃ | 먀 | みゅ | 뮤 | みょ | 묘 |
| や | 야 | | | ゆ | 유 | | | よ | 요 | — | — | — | — | — | — |
| ら | 라 | り | 리 | る | 루 | れ | 레 | ろ | 로 | りゃ | 랴 | りゅ | 류 | りょ | 료 |
| わ | 와 | | | | | | | を | 오 | | | | | | |
| が | 가 | ぎ | 기 | ぐ | 구 | げ | 게 | ご | 고 | ぎゃ | 갸 | ぎゅ | 규 | ぎょ | 교 |
| ざ | 자 | じ | 지 | ず | 즈 | ぜ | 제 | ぞ | 조 | じゃ | 자 | じゅ | 주 | じょ | 조 |
| だ | 다 | ぢ | 지 | づ | 즈 | で | 데 | ど | 도 | — | — | — | — | — | — |
| ば | 바 | び | 비 | ぶ | 부 | べ | 베 | ぼ | 보 | びゃ | 뱌 | びゅ | 뷰 | びょ | 뵤 |
| ぱ | 파 | ぴ | 피 | ぷ | 푸 | ぺ | 페 | ぽ | 포 | ぴゃ | 퍄 | ぴゅ | 퓨 | ぴょ | 표 |

| ン | L（パッチム） |
|---|---|
| ッ（促音） | 人（パッチム） |

🌶 二つ並べてあるものは、語頭では「平音」、語中では「激音」で表記する。
🌶 長音は表記しない。
🌶 「す・ず・つ・づ」の表記に「스・즈・쓰・즈」を当てる。
🌶 「ざ・ず・ぜ・ぞ」の表記には「자・즈・제・조」を当てる。
🌶 「ン」はパッチム「L」、促音「ッ」はパッチム「人」と表記する。

練習 **1** 例にならって、日本の地名・人名をハングルで書いてみましょう。

| 例 川崎 ⇒ 가와사키 | 例 高田 ⇒ 다카타 |
|---|---|
| ① 名古屋 ⇒ | ② 鈴木 ⇒ |
| ③ 大阪 ⇒ | ④ 安藤ゆきな ⇒ |
| ⑤ 岐阜 ⇒ | ⑥ 服部ふみや ⇒ |

練習 **2** 次のハングルを読んで「かな」で書いてみましょう。

| 곤니치와. 와타시와 무라카미 하루키데스. 삿포로니 슨데 이마스. |
|---|
| ⇒ |
| 데와, 미나산모 지분노 나마에 나도오 가이테 미마쇼! |
| ⇒ |

練習 **3** 日本語をハングルで書いてみましょう。

| | ひらがな | ハングル |
|---|---|---|
| ① 自分の名前 | | |
| ② 大学名 | | |
| ③ 住んでいる町 | | |
| ④ 好きなことば | | |

練習 **4** 次の県の県庁所在地はどこでしょうか。答えを①のようにハングルで書いて、隣の人と答え合わせをしてみましょう

| ① Q：愛知県 ⇒  A：나고야 (名古屋) | ② Q：沖縄県 ⇒ |
|---|---|
| ③ Q：福岡県 ⇒ | ④ Q：広島県 ⇒ |
| ⑤ Q：宮城県 ⇒ | ⑥ Q：石川県 ⇒ |
| ⑦ Q：熊本県 ⇒ | ⑧ Q：三重県 ⇒ |

メモ

Ⅱ

# 文法と会話

編

# 안녕하세요?

こんにちは。

**基本会話** 🔊 2-1

A: 안녕하세요? 저는 이찬수입니다.

B: 안녕하세요? 저는 모리 유카입니다.

A: 유카 씨는 일본 사람입니까?

B: 네, 저는 일본 사람입니다.

A: こんにちは。私はイチャンスです。
B: こんにちは。私は森ゆかです。
A: ゆかさんは日本人ですか。
B: はい、私は日本人です。

単語および表現

| 안녕하세요? | こんにちは | 저 | 私 |
|---|---|---|---|
| -는 | 〜は | -입니다 [임니다] | 〜です |
| -씨 | 〜さん、〜氏 | 일본 사람 | 日本人 |
| -입니까? [임니까] | 〜ですか | 네 | はい |

## 1-1  -입니다(까?)  ～です(か)

「名詞＋です」のかしこまった丁寧形である。疑問形は「-입니까?」になる。

| 名詞 + **입니다** | | 名詞 + **입니까?** | |
|---|---|---|---|
| 대학생 + **입니다** | 大学生です | 대학생 + **입니까?** | 大学生ですか |

▶ A: 어머니입니까?  お母さんですか。　　▶ A: 한국 사람입니까?  韓国人ですか。

　 B: 어머니입니다.  母です。　　　　　　　 B: 한국 사람입니다.  韓国人です。

**연습 1** 単語の後ろに「**-입니다(까)**」をつけてみましょう。

① A: 누구＿＿＿＿＿＿＿?  誰ですか。　　② A: 무엇＿＿＿＿＿＿＿?  何ですか。

　 B: 선생님＿＿＿＿＿＿＿.  先生です。　　　 B: 가방＿＿＿＿＿＿＿.  カバンです。

③ A: 어느 나라 사람＿＿＿＿＿＿＿?  どの国の人ですか。

　 B: 일본 사람＿＿＿＿＿＿＿.  日本人です。

## 1-2  -는 / 은  ～は（助詞）

前の名詞が母音で終わるとき（＝パッチム無し）は「-는」、子音で終わるとき（＝パッチム有り）は「-은」を使う。

| パッチム× : **-는** | | パッチム○ : **-은** | |
|---|---|---|---|
| 저 + 는 | 私は | 책 + 은 | 本は |

▶ 친구는  友達は　　　　▶ 이름은  名前は

▶ 김치는  キムチは　　　▶ 비빔밥은  ビビンバは

▶ 여기는  ここは　　　　▶ 이것은  これは

**연습 2** 単語の後ろに「**-는 / 은**」をつけてみましょう。

① 시계＿＿＿＿  時計は　　② 교실＿＿＿＿  教室は

③ 의자＿＿＿＿  椅子は　　④ 책상＿＿＿＿  机は

⑤ 요리사＿＿＿＿  料理人は　　⑥ 선생님＿＿＿＿  先生は

## Step 2 文型練習

말하기 **1** 次の単語の後ろに「**-입니다 (까?)**」をつけて言ってみましょう。

A: 모자입니까? 帽子ですか。
B: 네, 모자입니다. はい、帽子です。

① 가방 カバン  ② 노트 ノート  ③ 사전 辞書  ④ 연필 鉛筆

◀)) 2-3

말하기 **2** 次の単語の後ろに「**-입니다**」をつけて言ってみましょう。

A: 어느 나라 사람입니까? どの国の人ですか。
B: 일본 사람입니다. 日本人です。

① 미국 사람 アメリカ人  ② 독일 사람 ドイツ人
③ 스페인 사람 スペイン人  ④ 프랑스 사람 フランス人

쓰기 **1** 例にならい、正しいものに○をつけましょう。

例 왕위 씨 (는 / 은) 중국 사람입니다. ワンウィさんは中国人です。

① 제 이름 ( 는 / 은 ) 이소미입니다. 私の名前はイソミです。

② 저 ( 는 / 은 ) 한국 사람입니다. 私は韓国人です。

③ 영어 선생님 ( 는 / 은 ) 마이클입니다. 英語の先生はマイケルです。

쓰기 **2** 例にならい、会話文を完成させましょう。

| 例 한국 사람 | A: 이소미 씨는 한국 사람입니까? イソミさんは韓国人ですか。<br>B: 네, 이소미 씨는 한국 사람입니다. はい、イソミさんは韓国人です。 |
|---|---|
| ① 미국 사람 | A: 제이슨 씨는 미국 사람입니까? ジェイソンさんはアメリカ人ですか。<br>B: _____ |
| ② 학생 | A: 미사키 씨는 학생입니까? みさきさんは学生ですか。<br>B: _____ |
| ③ 공무원 | A: 스완 씨는 공무원입니까? スワンさんは公務員ですか。<br>B: _____ |
| ④ 중국 사람 | A: 왕위 씨는 어느 나라 사람입니까? ワンウィさんはどの国の人ですか。<br>B: _____ |

## Step 3 応用会話 赤字の部分に【入れ替え練習】の語を入れてペアで話してみましょう。 🔊 2-4

① 하늘 : 안녕하세요?

　　　　 제 이름은 김하늘입니다.

② 유카 : 안녕하세요? 저는 ⓐ모리 유카입니다.

③ 하늘 : ⓐ유카 씨는 어느 나라 사람입니까?

④ 유카 : 저는 ⓑ일본 사람입니다.

⑤ 하늘 : 만나서 반가워요.

⑥ 유카 : 네, 만나서 반가워요.

🔁 入れ替え練習

| ⓐ | ⓑ | ⓐ | ⓑ |
|---|---|---|---|
| 마이클 | 미국 アメリカ | 미셸 | 프랑스 フランス |
| 다나카 슌 | 일본 日本 | 안토니오 | 이탈리아 イタリア |
| 스완 | 인도네시아 インドネシア | 한스 | 독일 ドイツ |

## Step 4 活動 例にならい、自己紹介をしましょう。

例

안녕하세요?
저는 모리 유카입니다.
일본 사람입니다.
대학교 1 학년입니다.
만나서 반갑습니다.

자기 소개

# 누구예요?

## 誰ですか。

**基本会話** 🔊 2-5

A: 누구예요?

B: 한국어 선생님이에요.

A: 생일 언제예요?

B: 4 월 30 일이에요.

> A： 誰ですか。
> B： 韓国語の先生です。
> A： 誕生日、いつですか。
> B： 4月30日です。

### 単語および表現

| 누구 | 誰 | –예요(?)/ 이에요(?) | ～です(か)(打ち解けた丁寧形) |
|---|---|---|---|
| 한국어 [한구거] | 韓国語 | 선생님 | 先生 |
| 생일 | 誕生日 | 언제 | いつ |
| 4 월 [사월] | 4月 | 30 일 [삼시빌] | 30日 |

## 2-1  -예요/이에요(?) ～です(か)

「名詞＋です」の打ち解けた丁寧形である。「-입니다」より柔らかい感じの表現で、主に会話体で使う。前の名詞が母音で終わるとき（＝パッチム無し）は「-예요」、子音で終わるとき（＝パッチム有り）は「-이에요」を使う。疑問形は、文末に「?」をつけて語尾を上げる。（第1課の 1-1 参照）

| パッチム× : -예요(?) | | パッチム〇 : -이에요(?) | |
|---|---|---|---|
| 의사 + 예요 | 医者です | 공무원 + 이에요 | 公務員です |
| 의사 + 예요? | 医者ですか | 공무원 + 이에요? | 公務員ですか |

▶ A: 영화 배우예요?　映画俳優ですか。　　▶ A: 대학생이에요?　大学生ですか。
　 B: 영화 배우예요.　映画俳優です。　　　　 B: 대학생이에요.　大学生です。

연습　1　単語の後ろに「-예요/이에요」をつけてみましょう。

① A: 누구＿＿＿＿＿＿?　誰ですか。　　② A: 뭐＿＿＿＿＿＿?　何ですか。
　 B: 김 선생님＿＿＿＿＿＿.　　　　　　　 B: 한국어 책＿＿＿＿＿＿.
　　金先生です。　　　　　　　　　　　　　　　韓国語の本です。

③ A: 어느 나라 사람＿＿＿＿＿＿?　どの国の人ですか。
　 B: 미국 사람＿＿＿＿＿＿.　アメリカ人です。

## 2-2  일, 이, 삼… いち、に、さん…（漢数字）

韓国語の数字には「漢数字」と「固有数字」がある。「漢数字」は日本語と数え方の仕組みが同じで発音も似ている。「カレンダーの年月日、電話番号、番号、値段」などを表すときに使う。

【漢数字】　🔊 2-6

| 0 | 1 | 2 | 3 | 4 | 5 | 6 | 7 | 8 | 9 | 10 |
|---|---|---|---|---|---|---|---|---|---|---|
| 영/공 | 일 | 이 | 삼 | 사 | 오 | 육 | 칠 | 팔 | 구 | 십 |
| 영/공 | | | | | | 육 | | | | |

| 11 | 12 | 13 | 14 | 15 | 16 | 17 | 百 | 千 | 万 | 億 |
|---|---|---|---|---|---|---|---|---|---|---|
| 십일 | 십이 | 십삼 | 십사 | 십오 | 십육 | 십칠 | 백 | 천 | 만 | 억 |
| | | | | | | | 백 | | | |

🌶 「0」の読み「영」は一般的な数字を表すときに使い、「공」は電話番号などに使う。

🌶 「16」「26」「36」…など、「十の位＋6」のパターンでは発音変化が起こり、[심뉵][이심뉵][삼심뉵]などのように発音する。

▶ 백오십　150　　　　　　▶ 천이백삼십　1,230
▶ 삼천백십일　3,111　　　 ▶ 만 천육백십육　11,616
▶ 십일만 오천　115,000　　▶ 백사십만 팔천삼백　1,408,300

次の数字をハングル（漢数字）で書いてみましょう。

① 10 _____   ② 110 _____

③ 1,560 _____   ④ 18,040 _____

⑤ 467,300 _____

⑥ 8,210,700 _____

【月】

2-7

| 1月 | 2月 | 3月 | 4月 | 5月 | 6月 | 7月 | 8月 | 9月 | 10月 | 11月 | 12月 |
|---|---|---|---|---|---|---|---|---|---|---|---|
| 일월 | 이월 | 삼월 | 사월 | 오월 | 유월 | 칠월 | 팔월 | 구월 | 시월 | 십일월 | 십이월 |
|  | | 삼월 | | | | | | | | | |

🌶「6月」「10月」は「육월」「십월」とは表記せず、「유월」「시월」と表記するのに注意。

【日】

2-8

| 1日 | 2日 | 3日 | 4日 | 5日 | 6日 | 7日 | 8日 | 9日 | 10日 |
|---|---|---|---|---|---|---|---|---|---|
| 일일 | 이일 | 삼일 | 사일 | 오일 | 육일 | 칠일 | 팔일 | 구일 | 십일 |
| 일일 | | | | | | | | | |

| 11日 | 12日 | 13日 | 14日 | 15日 | 16日 | 20日 | 21日 | 30日 | 31日 |
|---|---|---|---|---|---|---|---|---|---|
| 십일일 | 십이일 | 십삼일 | 십사일 | 십오일 | 십육일 | 이십일 | 이십일일 | 삼십일 | 삼십일일 |
|  | | | | | | | | | |

🌶16日［심뉴길］、26日［이심뉴길］と発音するのに注意。

▶ 일월 일일 1月1日          ▶ 이월 십칠일 2月17日

▶ 사월 이십일 4月20日       ▶ 유월 십오일 6月15日

▶ 시월 이십육일 10月26日    ▶ 십일월 삼십일 11月30日

次の日にちをハングルで書いてみましょう。

① 3月16日 _____   ② 5月28日 _____

③ 6月30日 _____   ④ 7月31日 _____

⑤ 10月10日 _____   ⑥ 12月25日 _____

## 【漢数字＋助数詞】

漢数字は通常後ろに助数詞を伴って使う。助数詞の種類は「년 / 월 / 일 (年 / 月 / 日)、원 (ウォン)、학년 (年生)、번 (番)、과 (課)、페이지 (ページ)、분 (時間の分)、층 (階)、센티미터 (センチメートル)、칼로리 (カロリー)」などがある。

| 이천이십육 + 년 | 2026年 | 칠 + 월 | 7月 |
|---|---|---|---|
| 만 천 + 원 | 11,000ウォン | 삼십 + 분 | 30分 |

🌶 「1千」「1万」は「천」「만」と言い、「일천」「일만」と言わない。

🌶 電話番号の「-」は［에］と読む。　例) 090-4403-1120 ［공구공에 사사공삼에 일일이공］

**연습　4**　漢数字と助数詞をハングルで書いてみましょう。

① 2035年 10月 _____

② 71,500ウォン _____

③ 6月 26日 _____

④ 自分の生年月日 _____

⑤ 自分の電話番号 _____

### 2-3　몇 + 助数詞　何 + 助数詞

疑問詞「몇」は助数詞の前につき、数字や数量を聞くときに使う。

| 몇 + 助数詞 | | | |
|---|---|---|---|
| 몇 + 층 | 何階 | 몇 + 학년 | 何年生 |

▶ 몇 월이에요? 何月ですか。　　▶ 몇 과예요? 何課ですか。

▶ 몇 층이에요? 何階ですか。　　▶ 몇 번이에요? 何番ですか。

▶ 며칠이에요? 何日ですか。　　▶ 몇 칼로리예요? 何カロリーですか。

🌶 何年生の「몇 학년」の読みは、［며탕년］と発音するのに注意。

🌶 何月の「몇 월」の読みは、［며춸］ではなく［며둴］と発音するのに注意。

🌶 何日の「며칠」は、「몇 일」と表記しないのに注意。

**연습　5**　次の下線の日本語を韓国語に直してみましょう。

① _____ _____이에요? 何月ですか。　② _____ _____예요? 何ページですか。

③ _____이에요? 何日ですか。　④ _____ _____이에요? 何年生ですか。

⑤ _____ _____이에요? 何階ですか。　⑥ _____ _____예요? 何課ですか。

## Step 2 文型練習

말하기 **1** 次の単語の後ろに「-예요/이에요」をつけて言ってみましょう。

> A: 뭐예요? 　　　何ですか。
> B: 핸드폰이에요. 　携帯電話です。

① 지우개 消しゴム 　　② 모자 帽子 　　③ 우산 傘 　　④ 필통 筆箱

말하기 **2** 次の単語を入れて言ってみましょう。

> A: 생일이 언제예요? 　　誕生日はいつですか。
> B: 사월 십오일이에요. 　4月15日です。

① 6월 8일 　　② 7월 21일 　　③ 10월 16일 　　④ 11월 30일

쓰기 **1** 例にならい、文を完成させましょう。

| 例 저는 대학생<br>私は大学生 | ⇒ 저는 대학생이에요. |
|---|---|
| ① 제 이름은 미사키<br>私の名前はみさき | ⇒ |
| ② 내일은 일요일<br>明日は日曜日 | ⇒ |
| ③ 누구 우산<br>誰の傘 | ⇒ |
| ④ 여기는 어디<br>ここはどこ | ⇒ |

쓰기 **2** 例にならい、会話文を完成させましょう。

| 例 이 학년<br>2年生 | A: 몇 학년이에요? 　　何年生ですか。<br>B: 이 학년이에요. |
|---|---|
| ① 일 학년<br>1年生 | A: 몇 학년이에요? 　　何年生ですか。<br>B: _____ |
| ② 오 층 | A: 여기는 몇 층이에요? ここは何階ですか。<br>B: _____ |
| ③ 사십구 페이지<br>(49) 50 | A: 몇 페이지예요? 　　何ページですか。<br>B: _____ |
| ④ 팔만 오천 원<br>85,000원 | A: 시계는 얼마예요? 　時計はいくらですか。<br>B: _____ |

## Step 3 応用会話　赤字の部分に【入れ替え練習】の語を入れてペアで話してみましょう。　🔊 2-11

① 이소미 : 다나카 씨는 ⓐ대학생이에요?

② 다나카 : 네, 저는 ⓐ대학생이에요.

③ 이소미 : 저는 ⓑ한국 아이돌 가수예요.

④ 다나카 : 진짜요? 유명해요?

⑤ 이소미 : 조금 유명해요.

🔁 入れ替え練習

| ⓐ | ⓑ |
|---|---|
| 미용사 美容師 | 호텔 요리사 ホテル料理人 |
| 회사원 会社員 | 영화 배우 映画俳優 |
| 은행원 銀行員 | 야구 선수 野球選手 |
| 간호사 看護師 | 개그맨 お笑い芸人 |

## Step 4 活動　例にならい、友達を紹介しましょう。□の中に友達の写真か絵を描いてみましょう。

例

친구 소개

미셸은 제 친구예요.
프랑스 사람이에요.
호텔 요리사예요.
조금 유명해요.

# 오전에 시간이 있어요?

## 午前、時間がありますか。

**基本会話**  🔊 2-12

A: 내일 오전에 시간이 있어요?

B: 아니요, 없어요.

A: 그럼, 오후에는 시간이 있어요?

B: 미안해요. 아르바이트가 있어요.

A： 明日の午前、時間がありますか。
B： いいえ、ありません。
A： では、午後は時間がありますか。
B： ごめんなさい。アルバイトがあります。

単語および表現

| | | | |
|---|---|---|---|
| 내일 | 明日 | 오전 | 午前 |
| -에 | ～に | 시간 | 時間 |
| -가 / 이 | ～が | 있어요(?) [이써요] | あります(か) |
| 아니요 (縮約形：아뇨) | いいえ | 없어요 [업써요] | ありません |
| 그럼 | では | 오후에는 | 午後は |
| 미안해요 | ごめんなさい | 아르바이트 | アルバイト |

## 3-1 -가/이 ～が（助詞）

前の名詞が母音で終わるとき（＝パッチム無し）は「-가」、子音で終わるとき（＝パッチム有り）は「-이」を使う。ただし、疑問詞「누구」に「-가」がつくと「누구가」ではなく「누가」になる。

| パッチム×：**-가** | | パッチム○：**-이** | |
|---|---|---|---|
| **우유** + 가 | 牛乳が | **빵** + 이 | パンが |

- ▶ 커피가 コーヒーが
- ▶ 노트가 ノートが
- ▶ 아이스크림이 アイスクリームが
- ▶ 책이 本が

**연습 1** 単語の後ろに「**-가/이**」をつけてみましょう。

① 모자_____ 帽子が　② 형제_____ 兄弟が　③ 안경_____ 眼鏡が　④ 가족_____ 家族が

## 3-2 있어요/없어요 あります、います/ありません、いません

存在の有無を表す表現である。日本語では「あります」、「います」の区別があるが、韓国語では区別せず、すべて「있어요」を使う。否定表現は「없어요」である。疑問形は文末に「?」をつけて語尾を上げる。

| 基本形 | 平叙形 | 疑問形 |
|---|---|---|
| 있다 ある、いる | **있어요** あります、います | **있어요?** ありますか、いますか |
| 없다 ない、いない | **없어요** ありません、いません | **없어요?** ありませんか、いませんか |

- ▶ 시계가 있어요. 時計があります。
- ▶ 손님이 없어요. お客さんがいません。
- ▶ 지갑이 있어요? 財布がありますか。
- ▶ 친구가 없어요? 友達がいませんか。

**연습 2** 次の単語の後ろに「**있어요/없어요**」をつけてみましょう。

① 우산이 _____. 傘があります。　② 고양이가 _____. 猫がいます。

③ 맥주가 _____? ビールがありませんか。　④ 여동생이 _____? 妹がいませんか。

## 3-3 -에 ～に（助詞）

場所や時を表す名詞につく。主に時を表す「오전（午前）, 오후（午後）, 아침（朝）」につく。一方、「어제（昨日）、오늘（今日）、내일（明日）」などにはつかない。

- ▶ A: 어디에 있어요? どこにいますか。
- B: 집에 있어요. 家にいます。
- ▶ A: 오전에 수업이 없어요? 午前、授業がありませんか。
- B: 네, 수업이 없어요 はい、授業がありません。

**연습 3** 次の単語の後ろに「**-에**」をつけてみましょう。

① 학교_____ 学校に　② 주말_____ 週末に　③ 식당_____ 食堂に　④ 저녁_____ 夕方に

第3課

## Step 2 文型練習

2-13

말하기 **1** 次の単語の後ろに「**-가/이 있어요?**」をつけて言ってみましょう。

A: 모자가 있어요?　　　　　　帽子がありますか。
B: 네, 있어요. / 아뇨, 없어요.　はい、あります。/ いいえ、ありません。

① 물 水　　② 사전 辞書　　③ 형제 兄弟　　④ 약속 約束

2-14

말하기 **2** 次の単語を入れて言ってみましょう。

A: 지금 어디에 있어요?　　今どこにいますか。
B: 학교에 있어요.　　　　学校にいます。

① 집 家　　② 회사 会社　　③ 역 駅　　④ 노래방 カラオケ店

쓰기 **1** 例にならい、文を完成させましょう。

| 例 서울 / 친구 / 있어요<br>ソウル / 友達 / います | ⇒ 서울에 친구가 있어요. |
|---|---|
| ① 교실 / 시계 / 없어요<br>教室 / 時計 / ありません | ⇒ |
| ② 지갑 / 돈 / 없어요<br>財布 / お金 / ありません | ⇒ |
| ③ 학교 / 유학생 / 있어요<br>学校 / 留学生 / います | ⇒ |
| ④ 주말 / 콘서트 / 있어요<br>週末 / コンサート / あります | ⇒ |

쓰기 **2** 例にならい、会話文を完成させましょう。

| 例 도시락 | A: 가방에 뭐가 있어요?　　カバンに何がありますか。<br>B: 가방에 도시락이 있어요. |
|---|---|
| ① 침대 | A: 방에 뭐가 있어요?　　部屋に何がありますか。<br>B: _____ |
| ② 김치 | A: 냉장고에 뭐가 있어요?　　冷蔵庫に何がありますか。<br>B: _____ |
| ③ 남동생 | A: 집에 누가 있어요?　　家に誰がいますか。<br>B: _____ |
| ④ 친구 | A: 도쿄에 누가 있어요?　　東京に誰がいますか。<br>B: _____ |

**Step 3** 応用会話 赤字の部分に【入れ替え練習】の語を入れてペアで話してみましょう。 🔊 2-15

① 유카 : 하늘 씨 방에 뭐가 있어요?

② 하늘 : 책상, 의자 그리고 ⓐ세계지도가 있어요.

③ 유카 : ⓑ텔레비전은 없어요?

④ 하늘 : 네, 없어요.

⑤ 유카 : ⓑ텔레비전은 어디에 있어요?

⑥ 하늘 : 거실에 있어요.

🔁 入れ替え練習

| ⓐ | ⓑ |
|---|---|
| 침대 ベッド | 선풍기 扇風機 |
| 가습기 加湿器 | 공기청정기 空気清浄機 |
| 책장 本棚 | 피아노 ピアノ |
| 달력 カレンダー | 그림 絵 |

**Step 4** 活動

あなたのカバンの中に何が入っていますか。リストを見ながら、友達に聞いてみましょう。あるものには○、ないものには×をつけましょう。

例
A: 가방에 수첩이 있어요?
B: 네, 있어요.
아뇨, 없어요.

| リスト　　名前 | (　　　　)씨 | (　　　　)씨 |
|---|---|---|
| 수첩 手帳 | ○ | |
| 지갑 財布 | | |
| 도시락 お弁当 | | |
| 과자 お菓子 | | |
| 우산 傘 | | |
| 가위 ハサミ | | |
| 열쇠 カギ | | |
| 손수건 ハンカチ | | |
| 自由質問 | | |

제 **4** 과

# 그게 뭐예요?

それは何ですか。

**基本会話** 🔊 2-16

A: 그게 뭐예요?

B: 이건 유자차예요.

A: 유자차가 뭐예요?

B: 한국 전통차예요. 맛있어요.

> A： それは何ですか。
> B： これは柚子茶です。
> A： 柚子茶って何ですか。
> B： 韓国の伝統茶です。おいしいです。

**単語および表現**

| 그게 (그것이の縮約形) | それが | 뭐 (무엇の縮約形) | 何 |
|---|---|---|---|
| 이건 (이것은の縮約形) | これは | 유자차 | 柚子茶 |
| 한국 전통차 | 韓国の伝統茶 | 맛있어요 | おいしいです |

꿀유자차

48

## 4·1 이, 그, 저, 어느　この、その、あの、どの

「이 (この)、그 (その)、저 (あの)、어느 (どの)」は後ろに名詞がつく。これらに「物」を指す形式名詞「것」がつくと「이것 (これ)、그것 (それ)、저것 (あれ)、어느 것 (どれ)」の指示語になる。「것」は会話ではパッチムが取れた形「거」がよく使われる。下の【指示語の縮約形】参照。

| この+人 | その+人 | あの+人 | どの+人 |
|---|---|---|---|
| **이** 사람 | **그** 사람 | **저** 사람 | **어느** 사람 |
| これ+です | それ+です | あれ+です | どれ+ですか |
| **이것**입니다 | **그것**입니다 | **저것**입니다 | **어느 것**입니까? |

- ▶ 이 가방　このカバン
- ▶ 그 사진　その写真
- ▶ 어느 것입니까?　どれですか。
- ▶ 이것입니다.　これです。

次の下線の指示語を韓国語に直してみましょう。

① _____ 책이에요. この本です。　　② _____ 김 주세요. その海苔ください。

③ _____ 입니다. あれです。　　④ 빨간펜은 _____ 입니까? 赤ペンはどれですか。

**【指示語の縮約形】**

| これ | それ | あれ | どれ |
|---|---|---|---|
| 이것 (**이거**) | 그것 (**그거**) | 저것 (**저거**) | 어느 것 (**어느 거**) |
| これ+が | それ+が | あれ+が | どれ+が |
| 이것이 (**이게**) | 그것이 (**그게**) | 저것이 (**저게**) | 어느 것이 (**어느 게**) |
| これ+は | それ+は | あれ+は | |
| 이것은 (**이건**) | 그것은 (**그건**) | 저것은 (**저건**) | |

🌶 ( ) の中は主に会話体で使う。

- ▶ 어느 것이 교과서예요?　どれが教科書ですか。　⇒ 어느 게 교과서예요?
- ▶ 이것이 교과서예요.　これが教科書です。　⇒ 이게 교과서예요.
- ▶ 저것이 김치찌개예요.　あれがキムチチゲです。　⇒ 저게 김치찌개예요.
- ▶ 그것은 두부찌개예요.　それは豆腐チゲです。　⇒ 그건 두부찌개예요.

次の指示語を縮約形に変えてみましょう

① 이것이 ⇒ _____　　② 이것은 ⇒ _____

③ 그것 ⇒ _____　　④ 어느 것이 ⇒ _____

⑤ 저것은 ⇒ _____　　⑥ 이것 ⇒ _____

**4-2** -의 〜の (助詞)

　所有を表す助詞「-의」は [에] と発音するが、会話ではよく省略して使う。ただし、一人称代名詞「나 (わたし)」、「저 (わたくし)」に「-의」がつくと、普通「-의」が省略されることなく縮約形の「내」、「제」が使われる。

- 친구의 책 ⇒ 친구 책 友達の本
- 나의 책　⇒ 내 책 私の本
- 누구의 것 ⇒ 누구 것 誰の物
- 저의 이름 ⇒ 제 이름 私の名前

---

**連習　3**　次の単語の後ろに「-의」をつけてみましょう。

① 친구_____ 우산 友達の傘
② 오늘_____ 메뉴 今日のメニュー
③ 동생_____ 모자 弟 (妹) の帽子
④ 나_____ 계획 私の計画

---

**4-3** -가/이 뭐예요?　〜は何ですか

　日本語では「〜は何ですか」のように疑問詞を伴った疑問文の前に助詞「〜は」を用いる。しかし韓国語では初めて話題として取り上げる疑問詞を伴った疑問文では、「〜は」の代わりに「〜が」にあたる助詞「-가/이」を用いるのが一般的である。疑問詞には「뭐 (何)、어디 (どこ)、언제 (いつ)、누구 (誰)、몇 (いくつ)」などがある。

| パッチム× : -가 뭐예요? | | パッチム○ : -이 뭐예요? | |
|---|---|---|---|
| 취미 + 가 뭐예요? | 趣味は何ですか | 이름 + 이 뭐예요? | 名前は何ですか |

- 메뉴가 뭐예요? メニューは何ですか。
- 생일이 언제예요? 誕生日はいつですか。
- 화장실이 어디예요? トイレはどこですか。
- 모리 씨가 누구예요? 森さんは誰ですか。

---

**連習　4**　「-가/이」をつけてみましょう。

① 이름_____ 뭐예요? お名前は何ですか。
② 집_____ 어디예요? 家はどこですか。
③ 약속_____ 언제예요? 約束はいつですか。
④ 하늘 씨_____ 누구예요? ハヌルさんは誰ですか。

読んでみましょう

**【식사 食事】**

| 한식 韓国料理 | 한정식 韓定食 | 비빔밥 ビビンバ | 불고기 プルゴギ | 삼계탕 サムゲタン |
|---|---|---|---|---|
| 분식 韓国式軽食 | 떡볶이 トッポギ | 김밥 キンパ | 칼국수 カルグクス | 라면 ラーメン |
| 중식 中華料理 | 짜장면 ジャージャー麺 | 짬뽕 チャンポン | 만두 餃子 | 탕수육 酢豚 |
| 일식 和食 | 초밥 寿司 | 스키야키 すき焼き | 돈부리 どんぶり | 우동 うどん |
| 양식 洋食 | 스파게티 スパゲッティ | 스테이크 ステーキ | 오므라이스 オムライス | 피자 ピザ |

**【취미 趣味】**

| 여행 旅行 | 운동 運動 | 요리 料理 | 독서 読書 | 쇼핑 ショッピング |
|---|---|---|---|---|
| 등산 登山 | 요가 ヨガ | 피아노 ピアノ | 테니스 テニス | 검도 剣道 |
| 게임하기 ゲームをすること | 음악 듣기 音楽を聞くこと | 노래 부르기 歌を歌うこと | 영화 보기 映画を見ること | 사진 찍기 写真を撮ること |

## Step 2 文型練習

말하기 **1** 指示語を使って言ってみましょう。

> A: 이것이 뭐예요?　これは何ですか。
> B: 이거 사전이에요.　これ、辞書です。

① A: 그것 それ
② A: 저것 あれ
③ A: 이것 これ
④ A: 그것 それ

B: 이거 가방　これ、カバン
B: 저거 차 열쇠　あれ、車のカギ
B: 그거 수첩　それ、手帳
B: 이거 교통카드　これ、交通系ICカード

말하기 **2** 指示語を使って言ってみましょう。

> A: 와, 그 시계 멋있다. 누구 거예요?　わぁ、その時計格好いい。誰のものですか。
> B: 이건 하늘 씨 거예요.　これはハヌルさんのものです。

① A: 이 가방 このカバン
② A: 저 핸드폰 あの携帯電話
③ A: 그 모자 その帽子
④ A: 이 수첩 この手帳

B: 그건 それは
B: 저건 あれは
B: 이건 これは
B: 그건 それは

쓰기 **1** 例にならい、文を完成させましょう。

| 例 이름 / 뭐<br>名前 / 何 | ⇒ 이름이 뭐예요? |
|---|---|
| ① 집 / 어디<br>家 / どこ | ⇒ |
| ② 생일 / 언제<br>誕生日 / いつ | ⇒ |
| ③ 한국어 선생님 / 누구<br>韓国語の先生 / 誰 | ⇒ |

쓰기 **2** 例にならい、指示語を縮約形に変えて文を完成させましょう。

| 例 이것이 / 유카 씨 모자<br>これが / ゆかさんの帽子 | ⇒ 이게 유카 씨 모자예요. |
|---|---|
| ① 그것은 / 어머니 지갑<br>それは / 母の財布 | ⇒ |
| ② 저것이 / 친구 노트북<br>あれが / 友達のノートパソコン | ⇒ |
| ③ 어느 것이 / 할머니 안경<br>どれが / おばあさんの眼鏡 | ⇒ |

## Step 3  応用会話  赤字の部分に【入れ替え練習】の語を入れてペアで話してみましょう。  🔊 2-19

① 하늘 : 그게 뭐예요?

② 유카 : 이건 @선글라스예요.

③ 하늘 : 누구 거예요?

④ 유카 : ⓑ제 거예요.

⑤ 하늘 : 와, 멋있다. 나도 하나 사고 싶어요.

⑥ 유카 : 한번 써 보세요.

↻ 入れ替え練習

| ⓐ | ⓑ |
|---|---|
| 모자 帽子 | 동생 弟、妹 |
| 안경 眼鏡 | 남자 친구 彼氏 / 여자 친구 彼女 |
| 양산 日傘 | 동아리 선배 サークルの先輩 |

## Step 4  活動  次の質問を友達に聞き、表を完成させましょう。

| 質問 | 自分 | (      ) 씨 | (      ) 씨 |
|---|---|---|---|
| ① 이름이 뭐예요?<br>名前は何ですか。 | | | |
| ② 집이 어디예요?<br>家はどこですか。 | | | |
| ③ 생일이 언제예요?<br>誕生日はいつですか。 | | | |
| ④ 취미가 뭐예요?<br>趣味は何ですか。 | | | |
| ⑤ 이 (      ) 누구 거예요?<br>この (      ) は誰のですか。 | | | |
| 自由質問 | | | |

🖊 취미 については、51 ページを参照。

# 여기가 마트예요?

## ここがスーパーですか。

**基本会話** 🔊 2-20

A: 여기가 마트예요?

B: 여기는 마트가 아니에요. 편의점이에요.

A: 그래요? 그럼 마트는 어디에 있어요?

B: 마트는 역 옆에 있어요.

A： ここがスーパーですか。
B： ここはスーパーではありません。コンビニです。
A： そうですか。ではスーパーはどこにありますか。
B： スーパーは駅の隣にあります。

### 単語および表現

| | | | |
|---|---|---|---|
| 여기 | ここ | 마트 | スーパー |
| -가 / 이 아니에요 | ～ではありません | 편의점 [펴니점] | コンビニ |
| 그래요? | そうですか | 그럼 | では |
| 어디 | どこ | 역 | 駅 |
| 옆 | 横、隣 | | |

## 5-1  **-가/이 아니에요**  ～ではありません

名詞を否定する打ち解けた丁寧な表現である。かしこまった場面では「-가/이 아닙니다(까)?」を使う。

| パッチム× : **-가 아니에요** | | パッチム〇 : **-이 아니에요** | |
|---|---|---|---|
| **노트** + 가 아니에요 | ノートではありません | **책** + 이 아니에요 | 本ではありません |

▶ 시계가 아니에요. 時計ではありません。　▶ 핸드폰이 아니에요? 携帯電話ではありませんか。

▶ 오늘이 아닙니까? 今日ではありませんか。　▶ 공무원이 아닙니다. 公務員ではありません。

> **연습 1**　次の単語の後ろに「**-가/이 아니에요**」をつけてみましょう。

① 사전＿＿＿＿＿＿ 辞書ではありません。　② 기자＿＿＿＿＿＿ 記者ではありませんか。

③ 여기＿＿＿＿＿＿ ここではありません。　④ 생일＿＿＿＿＿＿ 誕生日ではありませんか。

## 5-2  **여기, 거기, 저기, 어디**  ここ、そこ、あそこ、どこ

場所を指す指示語である。

| ここ | そこ | あそこ | どこ |
|---|---|---|---|
| **여기** | **거기** | **저기** | **어디** |

▶ 여기가 어디예요? ここはどこですか。　▶ 여기는 마트예요. ここはスーパーです。

▶ 거기는 매점이에요. そこは売店です。　▶ 저기가 서점이에요. あそこが書店です。

> **연습 2**　次の下線の指示語を韓国語に直してみましょう。

① ＿＿＿가 어디예요? ここはどこですか。　② ＿＿＿는 교실이에요. ここは教室です。

③ ＿＿＿는 역이에요. あそこは駅です。　④ ＿＿＿는 옷 가게예요. そこは洋服屋です。

**【位置名詞】**

| 위 上 | 아래 下 | 앞 前 | 뒤 後ろ | 옆 横 |
|---|---|---|---|---|
| 안 中 | 밖 外 | 사이 間 | 왼쪽 左側 | 오른쪽 右側 |

🖊「～の上」「～の前」のように位置を表す名詞を使うときは、「の(의)」を使わず、前の単語と並べて分かち書きをする。例) 部屋 の 中 → 방 안

▶ 백화점 안에 면세점이 있어요.　百貨店の中に免税店があります。

▶ 호텔 앞에 편의점이 있어요.　　ホテルの前にコンビニがあります。

> **연습 3**　次の下線の位置名詞を韓国語に直してみましょう。

① 가게 ＿＿＿에 있어요. 店の前にあります。　② 책상 ＿＿＿에 있어요. 机の上にあります。

③ 역 ＿＿＿에 있어요. 駅の後ろにあります。　④ 학교 ＿＿＿에 있어요. 学校の隣にあります。

말하기 **1** 否定を表す「**-가/이 아니에요**」を使って言ってみましょう。

> A: 교과서예요? 教科書ですか。
>
> B: 아니요, 교과서가 아니에요. いいえ、教科書ではありません。

① 녹차 緑茶　② 회사원 会社員　③ 생일 誕生日　④ 라면집 ラーメン屋

말하기 **2** 単語を入れて言ってみましょう。

> A: 여기가 한국어 교실이에요? ここが韓国語の教室ですか。
>
> B: 네, 맞아요. はい、そうです。

① 여기가 시장 ここが市場　　　② 저기가 화장실 あそこがお手洗い

③ 거기가 호텔 そこがホテル　　④ 저기가 지하철역 あそこが地下鉄の駅

쓰기 **1** 例にならい、文を完成させましょう。

| 例 여기 / 저기<br>ここ / あそこ | ⇒ 여기가 아니에요. 저기예요.<br>ここではありません。あそこです。 |
|---|---|
| ① 앞 / 뒤<br>前 / 後ろ | ⇒ |
| ② 위 / 아래<br>上 / 下 | ⇒ |
| ③ 거기 / 저기<br>そこ / あそこ | ⇒ |
| ④ 오른쪽 / 왼쪽<br>右側 / 左側 | ⇒ |

쓰기 **2** 例にならい、会話文を完成させましょう。

| 例 백화점 안<br><br>デパートの中 | A: 면세점이 어디에 있어요? 免税店はどこにありますか。<br>B: 백화점 안에 있어요. |
|---|---|
| ① 휴게실 앞<br><br>休憩室の前 | A: 학생 식당이 어디에 있어요? 学生食堂はどこにありますか。<br>B: _____ |
| ② 노래방 뒤<br><br>カラオケ店の後ろ | A: 찜질방이 어디에 있어요? 岩盤浴はどこにありますか。<br>B: _____ |
| ③ 교장실 옆<br><br>校長室の隣 | A: 교실이 어디에 있어요? 教室はどこにありますか。<br>B: _____ |

**Step 3** 応用会話 赤字の部分に【入れ替え練習】の語を入れてペアで話してみましょう。 🔊 2-23

① 유카 : 여기가 ⓐ은행이에요?

② 하늘 : 여기는 ⓐ은행이 아니에요.

　　　　 ⓐ은행은 저 건물 ⓑ안에 있어요.

③ 유카 : 건물 ⓑ안에 식당은 있어요?

④ 하늘 : 네, 있어요.

⑤ 유카 : 그 식당 어때요?

⑥ 하늘 : 최고예요. 인기가 많아요.

🔁 入れ替え練習

| ⓐ | | ⓑ | |
|---|---|---|---|
| 김밥집 キンパ屋 | 빵집 パン屋 | 옆 横/隣 | 뒤 後ろ/裏 |
| 옷 가게 洋服屋 | 화장품 가게 コスメショップ | 오른쪽 右側 | 왼쪽 左側 |
| 서점 書店 | 편의점 コンビニ | 앞 前 | 지하 地下 |

**Step 4** 活動 行きたいところを探して、会話してみましょう。

例 A: 화장품 가게가 어디에 있어요?
　 B: 김밥집 옆에 있어요.

# 몇 개 있어요?

### いくつありますか。

**基本会話** 🔊 2-24

A: 오늘 체육 수업이 몇 시부터예요?

B: 네 시부터예요.

A: 테니스 라켓이 몇 개 있어요?

B: 두 개 있어요.

A： 今日の体育の授業は何時からですか。
B： ４時からです。
A： テニスラケットはいくつありますか。
B： ２つあります。

**単語および表現**

| 오늘 | 今日 | 체육 | 体育 |
|---|---|---|---|
| 수업 | 授業 | 몇 시 | 何時 |
| −부터 | ～から | 테니스 라켓 | テニスラケット |
| 몇 개 | いくつ、何個 | 두 개 | 2つ |

## 6-1 하나, 둘, 셋… ひとつ、ふたつ、みっつ… (固有数字)

韓国語の固有数字は 1 から 99 まである。100 からは漢数字を使う。固有数字は数字の後ろに助数詞をつけて使う。助数詞の種類は、「개 (個)、살 (才)、명 (名)、시 (時)、마리 (匹)、권 (冊)、번 (回)、장 (枚)、잔 (杯)、대 (台)」などがあり、固有数字に助数詞がつくと、「1 つ〜4 つ、20」は、赤字のように変えて使う。(漢数字は第 2 課の 2-2 参照) ◀)) 2-25

| 1つ | 2つ | 3つ | 4つ | 5つ | 6つ | 7つ | 8つ | 9つ | 10 |
|---|---|---|---|---|---|---|---|---|---|
| 하나<br>한~ | 둘<br>두~ | 셋<br>세~ | 넷<br>네~ | 다섯 | 여섯 | 일곱 | 여덟 | 아홉 | 열 |
| 하나<br>한 | | | | 다섯 | | | | | |
| 11 | 12 | 13 | 14 | 15 | 16 | 17 | 18 | 19 | 20 |
| 열하나<br>열한~ | 열둘<br>열두~ | 열셋<br>열세~ | 열넷<br>열네~ | 열다섯 | 열여섯 | 열일곱 | 열여덟 | 열아홉 | 스물<br>스무~ |
| 열하나<br>열한 | | | | | | | | | |
| 21 | 22 | 30 | 40 | 50 | 60 | 70 | 80 | 90 | 100 |
| 스물하나<br>스물한~ | 스물둘<br>스물두~ | 서른 | 마흔 | 쉰 | 예순 | 일흔 | 여든 | 아흔 | 백 |
| | | | | | | 일흔 | | | |

### 【固有数字＋助数詞】

| | |
|---|---|
| 하나 + 개 個 → 한 개 | 둘 + 마리 匹 → 두 마리 |
| 셋 + 번 回 → 세 번 | 열하나 + 장 枚 → 열한 장 |
| 스물 + 권 冊 → 스무 권 | 스물하나 + 살 才 → 스물한 살 |

연습 1 次の下線の数字をハングルで書いてみましょう。

① _____ 명입니다. 2名です。　② _____ 개 있어요? 4個ありますか。

③ _____ 시예요. 5時です。　④ _____ 살이에요. 20才です。

【時間】시 (時) の前では固有数字、분 (分) の前では漢数字を使う。

▸ 한시 십분 1時10分　▸ 두시 이십분 2時20分
▸ 세시 삼십분 3時30分　▸ 네시 사십분 4時40分
▸ 다섯시 오십분 5時50分　▸ 열한시 오십오분 11時55分

연습 2 次の時刻をハングルで書いてみましょう。

① 12時50分 _____시_____분　② 6時28分 _____시_____분

③ 10時36分 _____시_____분　④ 5時15分 _____시_____분

## 6-2  -부터  -까지  〜から〜まで（助詞）

時間などを表す起点「〜から」は「-부터」、終点「〜まで」は「-까지」である。

▸ 하나부터 열까지　　　　　　　1から10まで
▸ 유월부터 팔월까지 여름이에요.　6月から8月まで夏です。

<br>

**연습 3**　「**-부터　-까지**」を入れてみましょう。

① 2 시＿＿＿＿ 3 시＿＿＿＿　2時から3時まで　　② 아침＿＿＿ 밤＿＿＿　朝から晩まで
③ 7 월＿＿＿＿ 8 월＿＿＿＿　7月から8月まで　　④ 어제＿＿＿ 오늘＿＿＿　昨日から今日まで

<br>

## 6-3  -와/과, 하고  〜と（助詞）

前の名詞が母音で終わる（＝パッチム無し）ときは「-와」、子音で終わる（＝パッチム有り）ときは「-과」がつく。「-하고」はパッチムの有無と関係なく主に会話体で使われる。

| パッチム×：**-와** | パッチム○：**-과** | **-하고**（会話体） |
|---|---|---|
| 잡채 + 와<br>チャプチェと | 비빔밥 + 과<br>ビビンバと | 잡채　＋ 하고<br>비빔밥 + 하고 |

▸ 노트와 책 ノートと本　　　　　　▸ 책상과 의자 机と椅子
▸ 코와 입 鼻と口　　　　　　　　▸ 선생님과 학생 先生と学生
▸ 숟가락하고 젓가락 スプーンと箸　▸ 의사하고 간호사 医師と看護師

**연습 4**　次の単語の間に助詞「**-와/과、하고**」をつけてみましょう。

| 例 빵 パン / 우유 牛乳 | 빵과 우유 | 빵하고 우유 |
|---|---|---|
| ① 어머니 母 / 아버지 父 | | |
| ② 사랑 愛 / 우정 友情 | | |
| ③ 손 手 / 발 足 | | |
| ④ 전화 電話 / 메일 メール | | |

**親族名称**

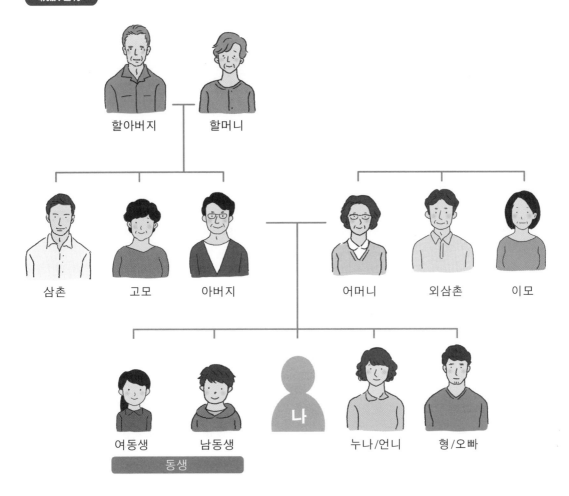

할아버지　할머니

삼촌　고모　아버지　　어머니　외삼촌　이모

여동생　남동생　　나　　누나/언니　형/오빠

동생

| 할아버지 | 祖父 | 할머니 | 祖母 |
|---|---|---|---|
| 아버지 | 父 | 어머니 | 母 |
| 누나 | 姉（弟からみた） | 언니 | 姉（妹からみた） |
| 형 | 兄（弟からみた） | 오빠 | 兄（妹からみた） |
| 남동생 | 弟 | 여동생 | 妹 |
| 동생 | 妹・弟 | 나 | 私 |
| 아들 | 息子 | 딸 | 娘 |
| 삼촌 | おじ（父方） | 외삼촌 | おじ（母方） |
| 고모 | おば（父方） | 이모 | おば（母方） |

**Step 2** 文型練習

2-26

말하기 **1** 固有数字に助数詞をつけて言ってみましょう。

> A: 몇 명이에요? 何名ですか。
> B: 네 명이에요. 4名です。

① A: 몇 잔 何杯　　B: 3 잔　　　② A: 몇 권 何冊　　B: 7 권

③ A: 몇 개 何個　　B: 11 개　　④ A: 몇 살 何才　　B: 19 살

2-27

말하기 **2** 次の単語を使って時間を言ってみましょう。

> A: 아르바이트가 몇 시에 있어요? アルバイトは何時にありますか。
> B: 다섯 시 삼십분에 있어요. 5時30分にあります。

① A: 시험 試験　　B: 11 시 5 분　　② A: 약속 約束　　B: 2 시 20 분

③ A: 회의 会議　　B: 12 시 40 분　④ A: 수업 授業　　B: 5 시 25 분

쓰기 **1** 「固有数字＋助数詞 (살, 개, 권, 대, 잔, 명, 마리, 장)」をつけて書いてみましょう。

例 読書 1 時間 ⇒ 독서 한 시간

① 本 16 冊　　⇒ 책 _____　② コーヒー 4 杯 ⇒ 커피 _____

③ リンゴ 17 個 ⇒ 사과 _____　④ 年齢 20 才　⇒ 나이 _____

⑤ 紙 11 枚　　⇒ 종이 _____　⑥ 冷蔵庫 5 台 ⇒ 냉장고 _____

⑦ 学生 21 名　⇒ 학생 _____　⑧ 熊 3 匹　　⇒ 곰 _____

쓰기 **2** 例にならい、文を完成させましょう。

例 여름 방학 / 팔월 / 구월　　　⇒ 여름 방학은 8 월부터 9 월까지예요.
夏休み / 8月 / 9月

① 기말 시험 / 이번 주 / 다음 주 ⇒
期末試験 / 今週 / 来週

② 그 영화 / 6일 / 25일　　　⇒
その映画 / 6日 / 25日

③ 라이브 콘서트 / 오늘 / 내일 ⇒
ライブコンサート / 今日 / 明日

④ 아르바이트 / 4시 / 9시　　⇒
アルバイト / 4時 / 9時

**Step 3** 応用会話 　赤字の部分に【入れ替え練習】の語を入れてペアで話してみましょう。 🔊 2-28

① 유카: 　아저씨, 호떡 얼마예요?

② 아저씨: 한 개 1,500 원이에요.

③ 유카: 　ⓐ치즈핫도그 한 개 어떻게 해요?

④ 아저씨: ⓑ3,000 원이에요.

⑤ 유카: 　호떡 네 개하고 ⓒ치즈핫도그 두 개 주세요.

⑥ 아저씨: 네, 감사합니다.

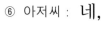 入れ替え練習

| ⓐ | ⓑ | ⓒ |
|---|---|---|
| 붕어빵 한 개<br>タイ焼き1個 | 1000 원 | 붕어빵 여섯 개<br>タイ焼き6個 |
| 김밥 한 줄<br>キンパ1本 | 2500 원 | 김밥 네 줄<br>キンパ4本 |
| 떡볶이 일 인분<br>トッポギ1人前 | 4000 원 | 떡볶이 삼 인분<br>トッポギ3人前 |

**Step 4** 活動

例にならい、自分の家族を紹介してみましょう。□の中に家族の写真か絵を描いてみましょう。

例

우리 가족사진입니다. 우리 가족은 네 명입니다.
아버지하고 어머니하고 누나가 있어요.
그리고 고양이가 두 마리 있어요.
저는 열아홉 살이에요. 누나는 스물한 살이에요.
저는 누나와 정말 사이가 좋아요.

가족소개

## 제 7 과

# 도서관에서 공부를 합니다.

図書館で勉強をします。

**基本会話** 🔊 2-29

A: 어디에서 공부를 합니까?

B: 도서관에서 공부를 합니다.

A: 무슨 수업을 좋아합니까?

B: 한국어 수업을 좋아합니다.

A： どこで勉強をしますか。
B： 図書館で勉強をします。
A： 何の授業が好きですか。
B： 韓国語の授業が好きです。

単語および表現

| 어디 | どこ | -에서 | ~で |
|---|---|---|---|
| 공부 | 勉強 | -를 / 을 | ~を |
| 하다 | する | 도서관 | 図書館 |
| ㅂ니다 /습니다 | ~ます、~です | 무슨 | 何の、どの |
| 수업 | 授業 | 좋아하다 | 好きだ |

## 7-1 　-를/을　～を（助詞）

| パッチム×：**-를** | | パッチム○：**-을** | |
|---|---|---|---|
| 공부 + 를 | 勉強を | 운동 + 을 | 運動を |

「～が好きです / ～が上手です」の助詞「～が」の代わりに「-를 / 을」を使って表す。

例）닭갈비를 좋아해요.（タッカルビが好きです。）/ 운동을 잘해요.（運動が上手です。）

- ▶ 노래를　歌を　　　　　▶ 인터넷을　インターネットを
- ▶ 우유를　牛乳を　　　　▶ 메일을　メールを

연습　1　次の単語の後ろに「-를 /을」をつけてみましょう

① 청소＿＿＿＿＿　掃除を　　　　② 음악＿＿＿＿＿　音楽を

③ 전화＿＿＿＿＿　電話を　　　　④ 게임＿＿＿＿＿　ゲームを

## 7-2 　-합니다（까?）/ -해요（?）　～します（か）

　韓国語の用言（動詞や形容詞）の中で「하다」で終わるものを「하다用言」という。「하다用言」の丁寧な言い方には、「합니다」と「해요」の二つがある。前者を「합니다体」といい、かしこまった公的な場面でよく使われ、後者を「해요体」といい、柔らかな表現で打ち解けた場面でよく使われる。疑問形は「합니까?」、「해요?」にして語尾を上げる。

| 基本形 | 합니다体 | 해요体 |
|---|---|---|
| 공부（를）하다<br>勉強する | 공부（를）합니다 / 공부（를）합니까? | 공부（를）해요（?） |
| 친절하다<br>親切だ | 친절합니다 / 친절합니까? | 친절해요（?） |

- ▶ 숙제를 하다　宿題をする　⇒　숙제를 합니다. / 숙제를 해요.　宿題をします。
- ▶ 피곤하다　疲れている　　⇒　피곤합니까? / 피곤해요?　疲れていますか。

연습　2　例にならい、「**합니다体**」と「**해요体**」に直してみましょう。

| 例 가족을 사랑하다　家族を愛する　⇒ | 가족을 사랑합니다. | / 사랑해요. |
|---|---|---|
| ① 매일 전화를 하다　毎日電話をする　⇒ | | / |
| ② 생일을 축하하다　誕生日を祝う　⇒ | | / |
| ③ 경치가 유명하다　景色が有名だ　⇒ | | / |
| ④ 노래를 잘하다　歌が上手だ　⇒ | | / |

動作の場所・位置を表す助詞である。

▶ 은행에서 銀行で　　▶ 고향에서 故郷で

▶ 침대에서 ベッドで　　▶ 병원에서 病院で

연습 **3**　次の単語の後ろに「-에서」をつけてみましょう。

① 집＿＿＿＿ 청소를 합니다.　　家で掃除をします。

② 어디＿＿＿＿ 연습을 합니까?　どこで練習をしますか。

③ 노래방＿＿＿＿ 노래를 해요.　カラオケ店で歌を歌います。

④ 카페＿＿＿＿ 생일파티를 해요.　カフェで誕生日パーティーをします。

**7-4** 무슨　何の〜

名詞の前につき、「何の、どんな、どの」の意味となる。

▶ 무슨 영화 何の映画　　▶ 무슨 음식 何の食べ物

▶ 무슨 책 何の本　　▶ 무슨 학과 何の学科

연습 **4**　「무슨」を入れて書いてみましょう。

① 오늘이 ＿＿＿＿ 날이에요?　　今日は何の日ですか。

② ＿＿＿＿ 계절을 좋아해요?　　どの季節が好きですか。

③ ＿＿＿＿ 요리를 잘해요?　　何の料理が得意ですか。

④ ＿＿＿＿ 숙제를 해요?　　何の宿題をしていますか。

연습 **5**　例のように「무슨　-를/을 좋아해요?」の文に直してみましょう。

| 例 운동 運動 | ⇒ | 무슨 운동을 좋아해요? |
|---|---|---|
| ① 색 色 | ⇒ | |
| ② 영화 映画 | ⇒ | |
| ③ 노래 歌 | ⇒ | |
| ④ 음악 音楽 | ⇒ | |

# 韓国の祝日

설날 (お正月)

추석 (中秋節)

## 韓国のお正月は1月1日じゃない!?

韓国では伝統的な祝日を「**명절**（名節）」と言います。韓国の2大名節には、旧暦の1月1日「**설날**」と、旧暦の8月15日「**추석**（中秋節）」があります。

「**설날**」には、「**떡국**（韓国のお雑煮）」を食べる風習があり、この「**떡국**」を食べることで1歳年を取ると言われています。

また、「**추석**」には「**송편**（松餅）」を作って食べる風習があり、この「**송편**」をきれいな形で作れば、可愛い赤ちゃんが生まれると言われています。

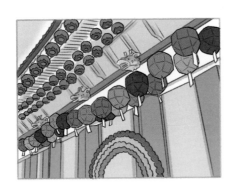

석가탄신일 (釈迦誕生日)

크리스마스 (クリスマス)

## お釈迦様の誕生日は?

韓国の2大宗教は、「仏教」と「キリスト教」です。

旧暦の4月8日は、お釈迦様の誕生を祝う日で祝日となっています。韓国の仏教寺院では、行事が開かれ、仏に福を祈る燃灯などが飾られます。

また、イエス・キリストの誕生日であるクリスマスも祝日となっています。ただ、クリスマスは宗教的な意味合いよりも休日として恋人や親しい友達と過ごす日として認識されており、イベント日としての意味合いが強いです。

第7課

第7課

67

**Step 2** 文型練習

말하기 **1** 「-**합니다(까?)**」を使って言ってみましょう。

> A: 어디에서 아르바이트합니까?　どこでアルバイトをしますか。
>
> B: 편의점에서 합니다.　コンビニでします。

① A: 쇼핑하다 買い物する　B: 백화점 デパート　② A: 공부하다 勉強する　B: 도서관 図書館

③ A: 산책하다 散歩する　B: 공원 公園　④ A: 주문하다 注文する　B: 여기 ここ

말하기 **2** ＿＿＿の中に思い当たる人を入れて答えてみましょう。

> A: 누가 유명해요?　誰が有名ですか。
>
> B: ＿＿＿가 / 이 유명해요.　＿＿＿が有名です。

① 착하다 優しい　　② 친절하다 親切だ

③ 조용하다 大人しい　　④ 성실하다 真面目だ

쓰기 **1** 例にならい、文を完成させましょう。

| 例 공원 / 산책하다<br>公園 / 散歩する | ⇒ 공원에서 산책합니다. | / 산책해요. |
|---|---|---|
| ① 식당 / 식사하다<br>食堂 / 食事する | ⇒ | / |
| ② 카페 / 이야기하다<br>カフェ / 話す | ⇒ | / |
| ③ 화장품 가게 / 쇼핑하다<br>コスメショップ / 買い物する | ⇒ | / |

쓰기 **2** 例にならい、「-**합니다**」を使って答えを自由に書いてみましょう。

| 例 A: 도서관에서 무슨 공부를 합니까?　図書館で何の勉強をしますか。<br>B: 도서관에서 한국어 공부를 합니다.　図書館で韓国語の勉強をします。 |
|---|

① A: 운동장에서 무슨 운동을 합니까?　運動場で何の運動をしますか。

B: ＿＿＿＿＿＿＿＿＿＿＿＿＿＿＿＿＿＿＿＿＿＿＿＿＿＿

② A: 노래방에서 무슨 노래를 합니까?　カラオケ店で何を歌いますか。

B: ＿＿＿＿＿＿＿＿＿＿＿＿＿＿＿＿＿＿＿＿＿＿＿＿＿＿

③ A: 대학에서 무엇을 전공합니까?　大学で何を専攻しますか。

B: ＿＿＿＿＿＿＿＿＿＿＿＿＿＿＿＿＿＿＿＿＿＿＿＿＿＿

**Step 3** 応用会話 赤字の部分に【入れ替え練習】の語を入れてペアで話してみましょう。 🔊 2-32

① 하늘 : 주말에 보통 뭘 해요?

② 유카 : ⓐ알바해요.

③ 하늘 : 그래요? 무슨 ⓐ알바해요?

④ 유카 : ⓑ카페에서 일해요. 하늘 씨는 주말에 뭐 해요?

⑤ 하늘 : 운동을 해요. 저는 운동을 좋아해요.

⑥ 유카 : 무슨 운동을 좋아해요?

⑦ 하늘 : 테니스를 좋아해요. 다음에 같이 해요.

 入れ替え練習

| ⓐ | ⓑ |
|---|---|
| 공부하다 勉強する | 영어 공부하다 英語の勉強をする |
| 춤 연습을 하다 ダンスの練習をする | 아이돌 춤 연습을 하다 アイドルのダンスの練習をする |
| 요리하다 料理する | 한국 요리를 하다 韓国料理をつくる |

**Step 4** 活動 会話文の空欄に単語を入れて話してみましょう。

例 A: 무슨 ☐ 를 / 을 좋아해요 ?
　 B: 저는 ☐ 를 / 을 좋아해요.

| 운동 運動 | 과일 果物 | 음식 食べ物 | 색 色 |
|---|---|---|---|
| 테니스 テニス | 사과 リンゴ | 김밥 キンパ | 빨간색 赤色 |
| 수영 水泳 | 수박 スイカ | 비빔밥 ビビンバ | 노란색 黄色 |
| 축구 サッカー | 바나나 バナナ | 떡볶이 トッポギ | 흰색 白色 |
| 야구 野球 | 딸기 イチゴ | 잡채 チャプチェ | 검정색 黒色 |
| 탁구 卓球 | 포도 ブドウ | 삼계탕 サムゲタン | 파란색 青色 |
| 럭비 ラグビー | 오렌지 オレンジ | 삼겹살 サムギョプサル | 분홍색 ピンク色 |

# 회사에 갑니다.

会社に行きます。

**基本会話** 🔊 2 - 33

A: 토요일에 무엇을 합니까?

B: 회사에 갑니다.

A: 일요일도 일합니까?

B: 아니요, 일요일은 집에서 쉽니다.

A： 土曜日に何をしますか。
B： 会社に行きます。
A： 日曜日も働きますか。
B： いいえ、日曜日は家で休みます。

### 単語および表現

| | | | |
|---|---|---|---|
| 토요일 | 土曜日 | 회사 | 会社 |
| 가다 | 行く | 일요일 | 日曜日 |
| -도 | ～も | 일하다 | 働く、仕事する |
| 집에서 | 家で | 쉬다 | 休む |

## 8-1 -ㅂ니다 /습니다(까?) ～ます／です(か)〈합니다体〉

韓国語の用言（動詞・形容詞）の基本形は、すべて「語幹＋다」で終わる。基本形から「-다」を取った部分を語幹といい、語幹は3種類に分けられる。

| | |
|---|---|
| 母音語幹（パッチムが無し） | **하** + 다 する |
| 子音語幹（パッチムが有り） | **좋** + 다 良い |
| ㄹ語幹（パッチムがㄹで終わる） | **살** + 다 住む |

用言の丁寧形の作り方は、母音語幹には「-ㅂ니다」、子音語幹には「-습니다」、ㄹ語幹にはㄹを取って「-ㅂ니다」をつける。疑問形は「ㅂ니까 ?/습니까 ?」となる。このようなかしこまった丁寧形の語尾を「합니다体」と言う。

| 基本形 | 丁寧形の作り方 | 平叙形 | 疑問形 |
|---|---|---|---|
| 하다 する<br>(母音語幹) | 하 + **ㅂ니다** | 합니다 | 합니까? |
| 좋다 いい<br>(子音語幹) | 좋 + **습니다** | 좋습니다 | 좋습니까? |
| 살다 住む<br>(ㄹ語幹) | 사 + **ㅂ니다**<br>（ㄹを取って） | 삽니다 | 삽니까? |

▸ 어디에 갑니까? どこに行きますか。　　▸ 학교에 갑니다. 学校に行きます。

▸ 무엇을 먹습니까? 何を食べますか。　　▸ 비빔밥을 먹습니다. ビビンバを食べます。

▸ 어디에 삽니까? どこに住んでいますか。　　▸ 나고야에 삽니다. 名古屋に住んでいます。

**연습 1** 次の用言を「**합니다体**」に直してみましょう。

| 基本形 | -ㅂ니다 /습니다 | 基本形 | -ㅂ니까 / 습니까? |
|---|---|---|---|
| ① 사다 買う | | ⑧ 싸다 安い | |
| ② 아프다 痛い | | ⑨ 쉬다 休む | |
| ③ 입다 着る | | ⑩ 작다 小さい | |
| ④ 맛있다 おいしい | | ⑪ 먹다 食べる | |
| ⑤ 읽다 読む | | ⑫ 덥다 暑い | |
| ⑥ 놀다 遊ぶ | | ⑬ 만들다 作る | |
| ⑦ 알다 分かる | | ⑭ 멀다 遠い | |

## 8-2  -도  〜も (助詞)

追加や並列を表す助詞である。

▶ 저는 일본 사람이에요. 친구도 일본 사람이에요.
　私は日本人です。友だちも日本人です。

▶ 미국에 친구가 있어요. 한국에도 친구가 있어요.
　アメリカに友だちがいます。韓国にも友だちがいます。

▶ 김밥도 비빔밥도 좋아합니다.
　キンパもビビンバも好きです。

연습 　2　 次の単語の後ろに「-도」をつけてみましょう。

① 저는 대학생이에요. 유카 씨＿＿＿＿ 대학생이에요?
　私は大学生です。ゆかさんも大学生ですか。

② 선생님＿＿＿＿ 학생＿＿＿＿ 교실에 있습니다.
　先生も学生も教室にいます。

③ 집에서 공부해요. 도서관에서＿＿＿＿ 공부해요.
　家で勉強します。図書館でも勉強します。

【日本語と韓国語の助詞の違いに注意すべき表現】

| 日本語 | 韓国語 | 例文 |
|---|---|---|
| 〜に乗る | -를 / 을 타다 | 버스를 탑니다. |
| 〜に会う | -를 / 을 만나다 | 친구를 만납니다. |
| 〜が好きだ | -를 / 을 좋아하다 | 김밥을 좋아합니다. |
| 〜が嫌いだ | -를 / 을 싫어하다 | 겨울을 싫어합니다. |
| 〜が上手だ | -를 / 을 잘하다 | 일본어를 잘합니다. |
| 〜が分かる | -를 / 을 알다 | 영어를 압니다. |
| 〜が分からない | -를 / 을 모르다 | 이름을 모릅니다. |
| 〜になる | -가 / 이 되다 | 선생님이 됩니다. |

## 時と関係のある言葉

**【曜日】**

| 月曜日 | 火曜日 | 水曜日 | 木曜日 | 金曜日 | 土曜日 | 日曜日 |
|---|---|---|---|---|---|---|
| 월요일 | 화요일 | 수요일 | 목요일 | 금요일 | 토요일 | 일요일 |

제 **8** 과

**【時】**

| 오전 午前 | 오후 午後 |
|---|---|

| 아침 朝 | 점심 昼 | 저녁 夕方 | 밤 夜 |
|---|---|---|---|

|  | 過去 | 今 | 未来 |
|---|---|---|---|
| 日 | 어제 昨日 | 오늘 今日 | 내일 明日 |
| 週 | 지난주 先週 | 이번 주 今週 | 다음 주 来週 |
| 月 | 지난달 先月 | 이번 달 今月 | 다음 달 来月 |
| 年 | 작년 昨年 | 올해 今年 | 내년 来年 |

**【季節】**

| 봄 春 | 여름 夏 | 가을 秋 | 겨울 冬 |
|---|---|---|---|

## Step 2 文型練習

말하기 **1** 「-ㅂ니다/습니다」を使って言ってみましょう。

> A: 무엇을 합니까? 何をしますか。
> B: 점심을 먹습니다. 昼食を食べます。

① 잡지를 읽다 雑誌を読む  ② 화장품을 사다 化粧品を買う

③ 편지를 쓰다 手紙を書く  ④ 케이크를 만들다 ケーキを作る

말하기 **2** 「-ㅂ니다/습니다」を使って言ってみましょう。

> A: 언제 한국어 수업을 합니까? いつ韓国語の授業をしますか。
> B: 화요일에 합니다. 火曜日にします。

① A: 영화를 보다 映画を見る  B: 토요일에 보다 土曜日に見る

② A: 시험이 있다 試験がある  B: 내일 오전에 있다 明日の午前にある

③ A: 아르바이트를 하다 アルバイトをする  B: 일요일에 하다 日曜日にする

④ A: 약속이 있다 約束がある  B: 오후에 있다 午後にある

쓰기 **1** 例にならい、会話を完成させましょう。

| 例 유튜브를 보다 | A: 음악을 듣습니까? <br> B: 아뇨, <u>유튜브를 봅니다</u>. | 音楽を聞きますか。 <br> いいえ、YouTube を見ます。 |
|---|---|---|
| ① 사진을 찍다 | A: 그림을 그립니까? <br> B: 아뇨, _____ | 絵を描きますか。 |
| ② 치마를 사다 | A: 청바지를 삽니까? <br> B: 아뇨, _____ | ジーンズを買いますか。 |
| ③ 간단하다 | A: 한국어는 어렵습니까? <br> B: 아뇨, _____ | 韓国語は難しいですか。 |

쓰기 **2** 例にならい、文を完成させましょう。

| 例 아침에 빵 / 밥 / 먹다 <br> 朝食にパン / ご飯 / 食べる | ⇒ 아침에 빵도 밥도 먹습니다. |
|---|---|
| ① 어제 / 오늘 / 비가 오다 <br> 昨日 / 今日 / 雨が降る | ⇒ |
| ② 김치찌개 / 떡볶이 / 맵다 <br> キムチチゲ / トッポギ / 辛い | ⇒ |
| ③ 이번 주 / 다음 주 / 바쁘다 <br> 今週 / 来週 / 忙しい | ⇒ |

## Step 3　応用会話　赤字の部分に【入れ替え練習】の語を入れてペアで話してみましょう。　🔊 2-36

① 하늘 : 　선생님, 토요일에 바쁩니까?

② 선생님 : 　토요일에는 등산 갑니다.

③ 하늘 : 　일요일에 집에서 쉽니까?

④ 선생님 : 　일요일에는 공원에서 조깅합니다.
　　　　　요리도 만듭니다. 하늘 씨는요?

⑤ 하늘 : 　저는 주말에 ⓐ자동차 운전 학원에 다닙니다.
　　　　　그리고 ⓑ리포트도 씁니다.

### 🔁 入れ替え練習

| ⓐ | ⓑ |
|---|---|
| 미용실에 가다　美容院に行く | 책도 읽다　本も読む |
| 친구를 만나다　友達に会う | 숙제도 하다　宿題もする |
| 공원을 걷다　公園を歩く | 아르바이트도 하다　アルバイトもする |
| 드라이브하다　ドライブする | 방도 청소하다　部屋も掃除する |

## Step 4　活動　一週間の自分の計画をメモした後、例のように友達と会話してみましょう。

| 월요일 | (　　)요일 | (　　)요일 | (　　)요일 | (　　)요일 | (　　)요일 | (　　)요일 |
|---|---|---|---|---|---|---|
| 학교 / 가다 | | | | | | |

| | 自分 | (　　　　　　　　) 씨 |
|---|---|---|
| 例 | 저는 월요일에 학교에 갑니다. | |
| ① | | |
| ② | | |
| ③ | | |
| ④ | | |
| ⑤ | | |

例　A: (　　　) 씨, 월요일에 무엇을 합니까?
　　B: 저는 월요일에 학교에 갑니다.

# 지하철로 학교에 와요.

地下鉄で学校に来ます。

**基本会話** 🔊 2-37

A: 미사키 씨, 어디에 살아요?

B: 저는 나고야에 살아요.

A: 집에서 학교까지 어떻게 와요?

B: 지하철로 와요.

A： みさきさん、どこに住んでいますか。
B： 私は名古屋に住んでいます。
A： 家から学校までどうやって来ますか。
B： 地下鉄で来ます。

単語および表現

| | | | |
|---|---|---|---|
| 어디 | どこ | 살다 | 住む |
| -아 / 어요 | ～ます、です | 집 | 家 |
| -에서 | ～から | -까지 | ～まで |
| 어떻게 | どうやって、どのように | 오다 | 来る |
| 지하철 | 地下鉄 | -(으)로 | ～で(手段を表す) |

## 9-1 -아 /어요 (?)　～ます / です(か) 〈해요체〉

「해요体」は、用言(動詞・形容詞)の語幹に、語尾「-아 /어요」がつく形のものを指す。第8課で学んだ「합니다体」より柔らかい感じの表現である。「해요体」の形を作るには、用言の基本形から語尾「-다」をとった語幹に、「-아요」または「-어요」をつける。

　陽母音語幹(語幹末の母音が「ト /ㅗ」の場合)は基本形から語尾「-다」を取り「-아요」をつける。

　陰母音語幹(語幹末の母音が「ト /ㅗ」以外の場合)は基本形から語尾「-다」を取り「-어요」をつける。

### 【해요体の作り方：その1】子音語幹の用言

| 語幹末の母音 | -아 / 어요 | 「해요体」 |
|---|---|---|
| 陽母音「ト /ㅗ」 | 語幹 + 아요 | 받다 もらう ⇒ 받+아요 ⇒ 받아요<br>좋다 いい ⇒ 좋+아요 ⇒ 좋아요 |
| 陰母音「ト /ㅗ」以外 | 語幹 + 어요 | 먹다 食べる ⇒ 먹+어요 ⇒ 먹어요<br>늦다 遅い ⇒ 늦+어요 ⇒ 늦어요 |

연습 1 次の用言を「해요体」に直してみましょう。(子音語幹)

| 基本形 | -아 / 어요 | 基本形 | -아 / 어요 |
|---|---|---|---|
| ① 작다 小さい | | ② 입다 着る | |
| ③ 알다 分かる / 知る | | ④ 만들다 作る | |
| ⑤ 웃다 笑う | | ⑥ 먹다 食べる | |
| ⑦ 놀다 遊ぶ | | ⑧ 앉다 座る | |
| ⑨ 괜찮다 大丈夫だ | | ⑩ 좋다 良い | |
| ⑪ 맛있다 美味しい | | ⑫ 좁다 狭い | |
| ⑬ 재미있다 面白い | | ⑭ 씻다 洗う | |

## 【해요体の作り方：その2】母音語幹の用言

語幹が母音で終わる用言の場合、해요体は縮約または脱落が起こる。

①縮約形：語幹末の母音が「ㅗ, ㅜ, ㅣ, ㅚ」の場合、「해요体」は縮約が起こる。

| 語幹末の母音 | | -아 / 어요 | 「해요体」 |
|---|---|---|---|
| 陽母音 | ㅗ | ㅗ + 아요 → 와요 | 오다 来る ⇒ 오+아요 ⇒ 와요 |
| 陰母音 | ㅜ | ㅜ + 어요 → 워요 | 배우다 習う ⇒ 배우+어요 ⇒ 배워요 |
| | ㅣ | ㅣ + 어요 → 여요 | 마시다 飲む ⇒ 마시+어요 ⇒ 마셔요 |
| | ㅚ | ㅚ + 어요 → 왜요 | 되다 なる ⇒ 되+어요 ⇒ 돼요 |

②脱落形：語幹末の母音が「ㅗ, ㅜ, ㅣ, ㅚ」以外の場合は、「-아/어」は脱落し「-요」だけがつく。

| 語幹末の母音 | | -아 / 어요 | 「해요体」 |
|---|---|---|---|
| 陽母音 | ㅏ | ㅏ + 아̶요 → ㅏ요 | 가다 行く ⇒ 가+아̶요 ⇒ 가요 |
| 陰母音 | ㅓ | ㅓ + 어̶요 → ㅓ요 | 서다 立つ ⇒ 서+어̶요 ⇒ 서요 |
| | ㅕ | ㅕ + 어̶요 → ㅕ요 | 켜다 点ける ⇒ 켜+어̶요 ⇒ 켜요 |
| | ㅐ | ㅐ + 어̶요 → ㅐ요 | 보내다 送る ⇒ 보내+어̶요 ⇒ 보내요 |
| | ㅔ | ㅔ + 어̶요 → ㅔ요 | 세다 強い ⇒ 세+어̶요 ⇒ 세요 |

🍃 쉬다 (休む) は縮約が起こらない。　쉬다 → 쉬어요

연습 **2** 次の用言を「**해요体**」に直してみましょう。（母音語幹）

| 基本形 | -아 / 어요 | 基本形 | -아 / 어요 |
|---|---|---|---|
| ① 보다 見る | | ② 기다리다 待つ | |
| ③ 오다 来る | | ④ 다니다 通う | |
| ⑤ 배우다 習う | | ⑥ 되다 なる | |
| ⑦ 주다 あげる | | ⑧ 쉬다 休む | |
| ⑨ 자다 寝る | | ⑩ 건너다 渡る | |
| ⑪ 일어나다 起きる | | ⑫ 펴다 伸ばす・開く | |
| ⑬ 싸다 安い | | ⑭ 지내다 過ごす | |

## 9-2  -(으)로　〜で（手段・方法）（助詞）

　日本語の助詞「〜で」に相当するもので、手段・方法・道具・材料を表す。ㄹパッチムの場合は「-으」がつかないことに注意する。

| パッチム× ㄹパッチム : -로 | | パッチム○ : -으로 | |
|---|---|---|---|
| 택시 + 로<br>지하철 + 로 | タクシーで<br>地下鉄で | 젓가락 + 으로 | 箸で |

▶ 택시로 가요. タクシーで行きます。　　▶ 젓가락으로 먹어요. 箸で食べます。

▶ 우유로 만들어요. 牛乳で作ります。　　▶ 메일로 보내요. メールで送ります。

**연습　3**　次の単語に、手段・方法を表す助詞「-(으)로」をつけてみましょう。

① 자전거＿＿＿＿ 自転車で　　　　② 볼펜＿＿＿＿ ボールペンで

③ 비행기＿＿＿＿ 飛行機で　　　　④ 돈＿＿＿＿ お金で

## 9-3  -에서　-까지　〜から〜まで（助詞）

　出発地点と到着地点を表す「〜から〜まで」の助詞にあたる。

| 「場所+から」: -에서<br>「時間+から」: -부터 | | 「場所・時間+まで」: -까지 | |
|---|---|---|---|
| 학교 + 에서<br>세시 + 부터 | 学校から<br>3時から | 집 + 까지<br>다섯시 + 까지 | 家まで<br>5時まで |

▶ 도쿄에서 오사카까지 東京から大阪まで　▶ 집에서 편의점까지 家からコンビニまで

▶ 올해부터 내년까지 今年から来年まで　　▶ 월요일부터 금요일까지 月曜日から金曜日まで

**연습　4**　次の下線を韓国語に直して文を完成させましょう。

① 나고야 (　　　　) 서울 (　　　　　) 얼마나 걸려요?
　名古屋からソウルまでどのぐらいかかりますか。

② 학교 (　　　　) 역 (　　　　) 멀어요?
　学校から駅まで遠いですか。

③ 이번 주 (　　　　) 다음 주 (　　　　) 교육실습이에요.
　今週から来週まで教育実習です。

**Step 2** 文型練習

말하기 **1** 「**해요체**」を使って言ってみましょう。

> A: 7 시에 일어나요? 　　　7時に起きますか。
> B: 네, 7 시에 일어나요. 　　はい、7時に起きます。

① 약속이 없다 約束がない　　② 12 시에 자다 12時に寝る

③ 친구가 많다 友達が多い　　④ 선배가 멋있다 先輩がカッコいい

말하기 **2** 手段・方法を表す助詞「-**(으)로**」を使って言ってみましょう。

> A: 최신 뉴스는 뭐로 찾아봐요? 　最新ニュースは何で見ますか。
> B: 텔레비전으로 봐요. 　　　　　テレビで見ます。

① 유튜브 YouTube　　② 라인 LINE　　③ 트위터 Twitter　　④ 인스타그램 Instagram

쓰기 **1** 例にならい、会話を完成させましょう。

| 例 전철, 50 분 | A: 집에서 학교까지 얼마나 걸려요? （家から学校まで）<br>家から学校までどのくらいかかりますか。<br>B: 집에서 학교까지 전철로 50 분 걸려요.<br>家から学校まで電車で50分かかります。 |
|---|---|
| ① 배, 3 시간 | A: 후쿠오카에서 부산까지 얼마나 걸려요? （福岡から釜山まで）<br>B: _____ |
| ② 신칸센, 1 시간 | A: 나고야에서 오사카까지 얼마나 걸려요? （名古屋から大阪まで）<br>B: _____ |
| ③ 지하철, 10 분 | A: 명동에서 경복궁까지 얼마나 걸려요? （明洞から景福宮まで）<br>B: _____ |

쓰기 **2** 例にならい、文を完成させましょう。

| 例 피자 / 손 / 먹다<br>ピザ / 手 / 食べる | ⇒ 피자는 손으로 먹어요.<br>ピザは手で食べます。 |
|---|---|
| ① 김치 / 배추 / 만들다<br>キムチ / 白菜 / 作る | ⇒ |
| ② 사진 / 핸드폰 / 찍다<br>写真 / 携帯電話 / 撮る | ⇒ |
| ③ 택시비 / 현금 / 계산하다<br>タクシー代 / 現金 / 支払う | ⇒ |

**Step 3** 応用会話 　赤字の部分に【入れ替え練習】の語を入れてペアで話してみましょう。 🔊 2-40

① 미사키 : 저는 이번 방학에 한국에 가요.

② 수철 : 와, 좋겠다. 언제 가요?

③ 미사키 : 8 월 20 일부터 22 일까지 2 박 3 일로 가요.

④ 수철 : 한국 어디에 가요?

⑤ 미사키 : ⓐ명동에 가요. 수철 씨, ⓐ명동은 뭐가 유명해요?

⑥ 수철 : ⓑ화장품 가게가 많아요.

⑦ 미사키 : 아~ 그래요! 고마워요.

명동

🔁 入れ替え練習

| ⓐ | ⓑ |
|---|---|
| 동대문시장 東大門市場 | 닭한마리가 유명하다 タッカンマリが有名だ |
| 강남 江南 | 맛집이 많다 グルメ店が多い |
| 이태원 梨泰院 | 분위기가 이국적이다 雰囲気が異国的だ |
| 부산 釜山 | 사투리가 재미있다 方言が面白い |

**Step 4** 活動 　下の表はみさきさんの一日です。表を参考に自分の一日を書いた後，例のように友達と会話してみましょう。

| 미사키 씨의 하루 | | 自分 | ( 　　　　 ) 씨 |
|---|---|---|---|
| 6 : 00 | 일어나다 | | |
| 8 : 00 | 전철로 학교에 가다 | | |
| 9 : 10 ~ 12 : 45 | 수업이 있다 | | |
| 1 : 00 | 친구하고 점심을 먹다 | | |
| 3 : 30 | 운동하다 | | |
| 6 : 00 | 집에 가다 | | |
| 9 : 00 | TV 를 보다 | | |

例 A: 미사키 씨는 몇 시에 일어나요?
　　B: 여섯 시에 일어나요.

# 제 10 과

# 경치가 참 예뻐요.

景色が本当にきれいです。

**基本会話** 🔊 2-41

A: 홋카이도는 어때요?

B: 경치가 참 예뻐요.

A: 날씨는 서울보다 추워요?

B: 네, 서울보다 추워요.

A： 北海道はどうですか。
B： 景色が本当にきれいです。
A： 天気はソウルより寒いですか。
B： はい、ソウルより寒いです。

単語および表現

| | | | |
|---|---|---|---|
| 어때요? | どうですか | 경치 | 景色 |
| 참 | 本当に | 예쁘다 | きれいだ |
| 날씨 | 天気 | 서울 | ソウル |
| -보다 | ～より | 춥다 | 寒い |

## 10-1 「ㅂ」変則活用

語幹末のパッチムが「ㅂ」で終わる用言の多くは、変則的に活用する。

「해요体」の形を作るとき、基本形から語尾「-다」を取り、パッチムの「ㅂ」を「우」に変え、「ㅓ」をつける。

| 맵다 辛い | 매 + **우** + **ㅓ요** ⇒ **매워요** |
|---|---|
| 덥다 暑い | 더 + **우** + **ㅓ요** ⇒ **더워요** |

▶ 김치찌개는 매워요? キムチチゲは辛いですか。　　▶ 네, 매워요. はい、辛いです。

▶ 오키나와는 더워요? 沖縄は暑いですか。　　▶ 네, 더워요. はい、暑いです。

例外1)「돕다 (手伝う)・곱다 (美しい)」だけは、「워요」ではなく、「와요」に変化する。

　　▶ 돕다 (手伝う) ⇒ 도 + 오 + ㅏ요 ⇒ 도와요 (手伝います)

例外2) 規則活用する用言もあるので、要注意。

　　「입다 (着る)、좁다 (狭い)、잡다 (つかむ) …」

　　▶ 입다 ⇒ 입 + 어요 ⇒ 입어요 (着ます)

---

연습 **1**　「ㅂ」変則活用に気をつけて、「**해요体**」に直してみましょう。

| ① 쉽다 易しい | | ② 가볍다 軽い | |
|---|---|---|---|
| ③ 귀엽다 可愛い | | ④ 고맙다 ありがたい | |
| ⑤ 돕다 手伝う | | ⑥ 좁다 狭い | |

---

연습 **2**　Aの質問に対する適切な答えを例から選び、Bに「**해요体**」で書いてみましょう。

例 어렵다 難しい / 가볍다 軽い / 춥다 寒い / 뜨겁다 熱い

① A: 한국어가 쉬워요? 韓国語が易しいですか。　　B: 아뇨, _____

② A: 가방이 무거워요? カバンが重いですか。　　B: 아뇨, _____

③ A: 물이 차가워요? 水が冷たいですか。　　B: 아뇨, _____

④ A: 날씨가 더워요? (天気が) 暑いですか。　　B: 아뇨, _____

## 10-2 「으」変則活用

語幹末の母音が「ㅡ」で終わる用言は変則的に活用する。

「해요体」の形を作るときは、語幹の「ㅡ」を脱落させ、「으」の前の母音に「ㅏ/ㅗ」があれば「ㅏ요」を、それ以外なら「ㅓ요」をつける。

| 「ㅏ/ㅗ」+ ㅏ요 | | 「ㅏ/ㅗ」以外 + ㅓ요 | |
|---|---|---|---|
| 나쁘다 悪い | 나 ㅃ + ㅏ요 ⇒ 나빠요 | 예쁘다 きれいだ | 예 ㅃ + ㅓ요 ⇒ 예뻐요 |
| 아프다 痛い | 아 ㅍ + ㅏ요 ⇒ 아파요 | 쓰다 書く | 쓰 + ㅓ요 ⇒ 써요 |

A: 어디가 아파요? どこが痛いですか。
B: 배가 아파요. お腹が痛いです。

A: 뭐로 써요? 何で書きますか。
B: 볼펜으로 써요. ボールペンで書きます。

**연습 3** 「으」変則活用に気をつけて、「**해요体**」に直してみましょう。

| ① 바쁘다 忙しい | | ② 기쁘다 嬉しい | |
|---|---|---|---|
| ③ 고프다 (お腹が)空く | | ④ 슬프다 悲しい | |
| ⑤ 모으다 集める | | ⑥ 크다 大きい | |

## 10-3 -보다 ～より (助詞)

比較の意味を表す助詞である。名詞のパッチムの有無に関係なく使える。

▶ 이 컴퓨터가 책보다 가벼워요. このパソコンが本より軽いです。

▶ 바나나보다 딸기를 좋아해요. バナナよりイチゴが好きです。

**연습 4** 次の下線を韓国語に直して文を完成させましょう。

① 우동_____ 라면을 좋아해요.　　うどんより ラーメンが好きです。

② 여름_____ 겨울을 좋아해요.　　夏より冬が好きです。

③ 영화_____ 드라마가 재미있어요.　映画より ドラマが面白いです。

④ 축구가 럭비_____ 재미있어요.　サッカーがラグビーより面白いです。

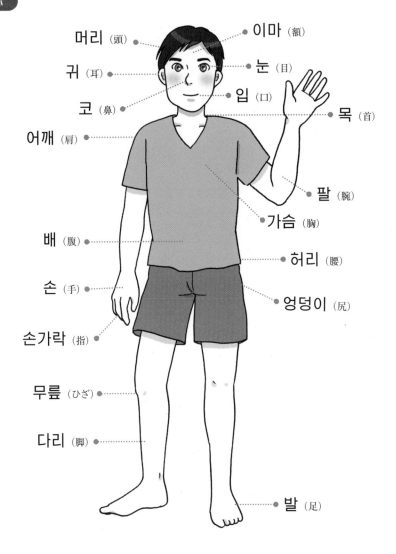

# 머리 어깨 무릎 발

작사 미상
외국곡

## Step 2 文型練習

말하기 **1** 「ㅂ」変則活用に注意しながら、「**해요体**」で言ってみましょう。

> A: 하와이는 더워요?　ハワイは暑いですか。
> B: 네, 더워요.　はい、暑いです。

① 발음이 어렵다　発音が難しい　　② 떡볶이가 맵다　トッポギが辛い

③ 노트북이 가볍다　ノートパソコンが軽い　　④ 교실이 좁다　教室が狭い

말하기 **2** 「으」変則活用に注意しながら、「**해요体**」で言ってみましょう。

> A: 지금 바빠요?　今、忙しいですか。
> B: 네, 바빠요.　はい、忙しいです。

① 배가 고프다　お腹が空く　　② 하늘이 예쁘다　空がきれいだ

③ 김치를 담그다　キムチを漬ける　　④ 영화가 슬프다　映画が悲しい

쓰기 **1** 例にならい、文を完成させましょう。

| 例 마트 / 편의점 / 가깝다<br>スーパー / コンビニ / 近い | ⇒ 마트보다 편의점이 가까워요. |
|---|---|
| ① 고양이 / 개 / 귀엽다<br>猫 / 犬 / 可愛い | ⇒ |
| ② 핸드폰 / 지갑 / 무겁다<br>携帯電話 / 財布 / 重い | ⇒ |
| ③ 운동화 / 구두 / 예쁘다<br>スニーカー / 革靴 / きれいだ | ⇒ |
| ④ 나 / 동생 / 키가 크다<br>私 / 妹・弟 / 背が高い | ⇒ |

쓰기 **2** A欄とB欄の単語を組み合わせて、「**해요体**」で文を作ってみましょう。

A欄：돌솥비빔밥 石焼きビビンバ、화면 画面、메일 メール、액세서리 アクセサリー

B欄：어둡다 暗い、뜨겁다 熱い、모으다 集める、쓰다 書く

| 例 돌솥비빔밥이 뜨거워요. |
|---|
| ① |
| ② |
| ③ |

**Step 3** 応用会話 赤字の部分に【入れ替え練習】の語を入れてペアで話してみましょう。 🔊 2-44

① 하늘 : 요즘 바빠요?

② 유카 : 네, 바빠요.

　　　　ⓐ월요일하고 ⓐ목요일에 한국어를 공부해요.

③ 하늘 : 한국어 어때요?

④ 유카 : 조금 어려워요. 하지만, ⓑ중국어보다는 쉬워요.

⑤ 하늘 : 열심히 하세요~.

🔁 入れ替え練習

| ⓐ | ⓑ |
|---|---|
| 화요일 火曜日 | 영어 英語 |
| 수요일 水曜日 | 스페인어 スペイン語 |
| 금요일 金曜日 | 아라비아어 アラビア語 |
| 토요일 土曜日 | 인도네시아어 インドネシア語 |

**Step 4** 活動 例にならい、友達にどちらが好きかを聞き、答えを書いてみましょう。

커피 vs 주스　사랑 vs 돈　밥 vs 빵

돼지고기 vs 소고기

고양이 猫 vs 개 犬

지브리영화 ジブリ映画 vs 디즈니영화 ディズニー映画

例 A: 고양이를 좋아해요? 개를 좋아해요?
　　B: 저는 고양이보다 개를 좋아해요.

| どっち派？<br>名前 | vs | vs | vs | vs |
|---|---|---|---|---|
| 　　씨 | | | | |
| 　　씨 | | | | |
| 　　씨 | | | | |

제 **10** 과

87

# 내일은 학교에 안 와요.

明日は学校に来ません。

**基本会話** 🔊 2-45

A: 내일 학교에 와요?

B: 아뇨, 내일은 안 와요.

A: 쇼핑을 좋아해요?

B: 아뇨, 별로 좋아하지 않아요.

A: 明日学校に来ますか。
B: いいえ、明日は来ません。
A: 買い物が好きですか。
B: いいえ、あまり好きではありません。

## 単語および表現

| | | | |
|---|---|---|---|
| 내일 | 明日 | 오다 | 来る |
| 안- | 用言の前におく否定形 | 쇼핑 | 買い物、ショッピング |
| 별로 | あまり、それほど | -지 않다 | 用言の後ろにつく否定形 |

## 11-1 -에게 (한테) ～に (助詞)

「-에게」は、人や動物を表す名詞につく。会話では「-한테」がよく用いられる。

「-에」は，場所や時間を表す名詞につくので注意する。(第3課の 3-3 を参照)

| 人・動物：**-에게 (한테)** | | 場所・時間：**-에** | |
|---|---|---|---|
| **친구** + 에게 | 友達に | **학교** + 에 | 学校に |

▸ 친구에게 선물을 보내요.
　友達にプレゼントを贈ります。

▸ 학교에 있어요.
　学校にいます。

▸ 선생님한테 편지를 써요.
　先生に手紙を書きます。

▸ 세시에 약속이 있어요.
　3時に約束があります。

연습 **1** 次の単語の後ろに「**-에 /-에게**」をつけてみましょう。

① 교실＿＿＿ 教室に ② 누구＿＿＿ 誰に ③ 의자＿＿＿ 椅子に ④ 후배＿＿＿ 後輩に

## 11-2 안 / -지 않아요 ～しません (現在否定形)

用言 (動詞・形容詞) の否定を表すには、「안」か「-지 않다」を使う。

前者は、用言の前に「안」をおく。後者は、用言の語幹の後に「-지 않다」をつける。

| **안** + 用言 | 가다 行く ⇒ 안 + 가다 ⇒ 안 가요 |
|---|---|
| | 친절하다 親切だ ⇒ 안 + 친절하다 ⇒ 안 친절해요 |
| | 공부하다 勉強する ⇒ 공부 + 안 하다 ⇒ 공부 안 해요 |
| **語幹** + **지 않다** | 가다 行く ⇒ 가 + 지 않다 ⇒ 가지 않아요 |
| | 친절하다 親切だ ⇒ 친절하 + 지 않다 ⇒ 친절하지 않아요 |
| | 공부하다 勉強する ⇒ 공부하 + 지 않다 ⇒ 공부하지 않아요 |

🌶 「名詞 + 하다」からなる動詞は、名詞と하다の間に「안」を入れる。形容詞の場合は間に「안」を入れない。例) 공부 + 하다 ⇒ 공부 안 하다 (勉強しない)

▸ 밤에는 운동 안 해요.
　夜は運動しません。

▸ 집은 안 조용해요.
　家は静かではありません。

▸ 저는 운전하지 않아요.
　私は運転しません。

▸ 교실은 깨끗하지 않아요.
　教室は綺麗ではありません。

연습 **2** 例にならい、否定形に変えてみましょう。

| 例 오다 来る | 안 와요 | 오지 않아요 |
|---|---|---|
| ① 놀다 遊ぶ | | |
| ② 바쁘다 忙しい | | |
| ③ 불편하다 不便だ | | |
| ④ 응원하다 応援する | | |

## Step 2 文型練習

말하기 **1** 人を表す名詞につく助詞「**-에게/한테**」を使って言ってみましょう。

A: 누구에게 말해요? 誰に話しますか。
B: 친구한테 말해요. 友達に話します。

① 선배 先輩　② 언니 姉　③ 가족 家族　④ 선생님 先生

말하기 **2** 「**-지 않다**」否定形を使って言ってみましょう。

A: 저 사람 유명해요? あの人、有名ですか。
B: 아뇨, 저 사람 유명하지 않아요. いいえ、あの人、有名ではありません。

① 비가 오다 雨が降る　② 신발이 작다 靴が小さい
③ 한국에 돌아가다 韓国に帰る　④ 커피가 달다 コーヒーが甘い

쓰기 **1** 例にならい、文を完成させましょう。

| 例 편지를 쓰다 手紙を書く | ⇒ 편지를 안 써요. 手紙を書きません。 |
|---|---|
| ① 배가 고프다 お腹が空く | ⇒ |
| ② 핸드폰이 무겁다 携帯電話が重い | ⇒ |
| ③ 사람들이 친절하다 人々が親切だ | ⇒ |
| ④ 평일에는 청소하다 平日は掃除する | ⇒ |

쓰기 **2** 都会と田舎の違いです。例にならい、田舎の特徴を書いてみましょう。

| 【도시】(都会) | 【시골】(田舎) |
|---|---|
| 例 도시는 사람들이 차가워요 都会は人々が冷たいです | ⇔ 시골은 사람들이 차갑지 않아요. |
| ① 도시는 물가가 비싸요 都会は物価が高いです | ⇔ |
| ② 도시는 편의점이 많아요 都会はコンビニが多いです | ⇔ |
| ③ 도시는 집이 좁아요 都会は家が狭いです | ⇔ |
| ④ 도시는 교통이 편해요 都会は交通が便利です | ⇔ |

**Step 3**  応用会話  赤字の部分に【入れ替え練習】の語を入れてペアで話してみましょう。 🔊 2-48

① 유카 : 이 ⓐ치마 어때요? 좀 ⓑ짧지 않아요?

② 수철 : 아뇨, 괜찮아요. 잘 어울려요.

　　　　 그런 옷은 어디서 사요?

③ 유카 : 주로 ⓒ동대문시장에서 사요.

④ 수철 : 안 비싸요?

⑤ 유카 : 네, 백화점보다는 싸요.

🔁 入れ替え練習

| ⓐ | ⓑ | ⓒ |
|---|---|---|
| 반바지 短パン | 길다 長い | 홈쇼핑 テレビショッピング |
| 코트 コート | 화려하다 派手だ | 인터넷 インターネット |
| 스웨터 セーター | 작다 小さい | 강남 江南 |

**Step 4**  活動  例にならい友達と話して、その結果をチェックしてみましょう。

> 例 A: PC방에 자주 가요? ネットカフェによく行きますか。
> 　 B: 네, 가끔 가요. はい、時々行きます。
> 　　 아뇨, 거의 (전혀) 안 가요. いいえ、ほとんど(全然)行きません。

| 質問 | 자주 よく | 가끔 時々 | 거의 ほとんど | 전혀 全然 |
|---|---|---|---|---|
| 例 PC방에 자주 가다 | | | ✓ | |
| ① 택시를 자주 타다<br>タクシーによく乗る | | | | |
| ② 한국 음식을 자주 만들다<br>韓国料理をよく作る | | | | |
| ③ 수업에 자주 지각하다<br>授業によく遅刻する | | | | |
| ④ 영자 신문을 자주 읽다<br>英字新聞をよく読む | | | | |
| 自由質問 | | | | |

# 리포트 다 썼어요?

## レポートは全部書きましたか。

**基本会話** 🔊 2-49

A: 심리학 리포트 다 썼어요?

B: 네, 아까 제출했어요.

A: 한국어 숙제도 끝났어요?

B: 아뇨, 한국어 숙제는 아직 안 끝났어요.

A : 心理学のレポートは全部書きましたか。
B : はい、さっき提出しました。
A : 韓国語の宿題も終わりましたか。
B : いいえ、韓国語の宿題はまだ終わっていません。

### 単語および表現

| | | | |
|---|---|---|---|
| 심리학 | 心理学 | 리포트 | レポート |
| 다 | 全部、全て | 쓰다 | 書く |
| -았/었어요 | ～ました/～でした | 아까 | さっき |
| 제출하다 | 提出する | 숙제 | 宿題 |
| 끝나다 | 終わる | 아직 | まだ |

## 12-1  -았 / 었어요 (?)  ～ました / でした (か) (過去形)

　動詞・形容詞の「해요体」の過去形は、語幹に「-았 / 었어요」をつけて作る。語幹末の母音が「ㅏ / ㅗ」であれば、「-았어요」を、「ㅏ / ㅗ」以外であれば、「-었어요」をつける。

　「합니다体」の過去形は、「-았 / 었어요」の代わりに、語幹に「-았 / 었습니다」をつける。

### (1)　子音語幹

| 語幹末の母音 | 過去形 | 「해요体」の過去形 |
|---|---|---|
| 陽母音<br>「ㅏ / ㅗ」 | 語幹 + **았어요** | 받다 もらう ⇒ 받+았어요 ⇒ 받았어요<br>좋다 いい　 ⇒ 좋+았어요 ⇒ 좋았어요 |
| 陰母音<br>「ㅏ / ㅗ」以外 | 語幹 + **었어요** | 먹다 食べる ⇒ 먹+었어요 ⇒ 먹었어요<br>길다 長い　 ⇒ 길+었어요 ⇒ 길었어요 |

### (2)　母音語幹

①縮約形：「해요体」の現在形と同じように縮約が起こる (第9課の 9-1 参照)。

| 語幹末の母音 | | 過去形 | 「해요体」の過去形 |
|---|---|---|---|
| 陽母音 | ㅗ | 語幹 + **았어요** | 오다 来る ⇒ 오+았어요 　 ⇒ 왔어요 |
| 陰母音 | ㅜ | 語幹 + **었어요** | 배우다 習う ⇒ 배우+었어요 　 ⇒ 배웠어요 |
| | ㅣ | | 마시다 飲む ⇒ 마시+었어요 　 ⇒ 마셨어요 |
| | ㅚ | | 되다 なる 　⇒ 되+었어요 　 ⇒ 됐어요 |

②脱落形：語幹末の母音が「ㅗ, ㅜ, ㅣ, ㅚ」以外の場合は、「-아 / 어」は脱落し「-ㅆ어요」だけがつく。

| 語幹末の母音 | | 過去形 | 「해요体」の過去形 |
|---|---|---|---|
| 陽母音 | ㅏ | 語幹 + **ㅆ어요** | 가다 行く 　⇒ 가+ㅆ어요 　 ⇒ 갔어요 |
| 陰母音 | ㅓ | 語幹 + **ㅆ어요** | 서다 立つ 　⇒ 서+ㅆ어요 　 ⇒ 섰어요 |
| | ㅕ | | 켜다 点ける ⇒ 켜+ㅆ어요 　 ⇒ 켰어요 |
| | ㅐ | | 보내다 送る ⇒ 보내+ㅆ어요 ⇒ 보냈어요 |
| | ㅔ | | 세다 強い 　⇒ 세+ㅆ어요 　 ⇒ 셌어요 |

### (3)　하다用言：「하다」で終わる動詞・形容詞の過去形は「하다」を「했어요」に変える。

| | 基本形 | 過去形 |
|---|---|---|
| **하다**用言 | 사랑하다 愛する | 사랑했어요 |
| | 성실하다 誠実だ | 성실했어요 |

| 基本形 | 「**해요体**」現在形 | 「**해요体**」過去形 | 「**합니다体**」過去形 |
|---|---|---|---|
| 例 받다 もらう | 받아요 | 받았어요 | 받았습니다 |
| ① 작다 小さい | | | |
| ② 읽다 読む | | | |
| ③ 웃다 笑う | | | |
| ④ 나오다 出てくる | | | |
| ⑤ 배우다 習う | | | |
| ⑥ 다니다 通う | | | |
| ⑦ 자다 寝る | | | |
| ⑧ 일어나다 起きる | | | |
| ⑨ 지내다 過ごす | | | |
| ⑩ 지각하다 遅刻する | | | |
| ⑪ 친절하다 親切だ | | | |

**연습 1** 次の用言を例のように直してみましょう。

## 【ㅂ変則活用の過去形】

第9課で学んだ「해요体」現在形の作り方と同様、基本形から語尾「다」を取り、パッチムの「ㅂ」を「우」に変える。その後、「었어요」をつける。

| 맵다 辛い | 매 + **우** + **었**어요 ⇒ 매웠어요 |
|---|---|
| 맵다 暑い | 더 + **우** + **었**어요 ⇒ 더웠어요 |

## 【으変則活用の過去形】

現在形と同様、語幹の「—」を脱落させ、「으」の前の母音に「ㅏ/ㅗ」があれば「았어요」を、それ以外なら「었어요」をつける。

| 「ㅏ/ㅗ」+**았어요** | | 「ㅏ/ㅗ」以外 +**었어요** | |
|---|---|---|---|
| 나쁘다 悪い | 나ㅃ + **았**어요 ⇒ 나빴어요 | 슬프다 悲しい | 슬ㅍ + **었**어요 ⇒ 슬펐어요 |
| 아프다 痛い | 아ㅍ + **았**어요 ⇒ 아팠어요 | 끄다 消す | ㄲ + **었**어요 ⇒ 껐어요 |

| 연습 | 2 | 「ㅂ」・「으」変則活用に注意して、「**해요体**」に直してみましょう。 |

| 基本形 | -아 / 어요 | -았 / 었어요 |
|---|---|---|
| ① 쉽다 易しい | | |
| ② 귀엽다 可愛い | | |
| ③ 바쁘다 忙しい | | |
| ④ 기쁘다 嬉しい | | |
| ⑤ 크다 大きい | | |

## 12-2 안 / -지 않았어요　～しませんでした (過去否定形)

用言の過去否定形である。現在否定形に関しては第 11 課の 11-2 を参照する。

| 否定形 | 基本形 | 現在否定形 | 過去否定形 |
|---|---|---|---|
| **안** + 用言 | 가다 行く | 안 + 가요 | 안 + 갔어요 |
| 語幹 + **지 않았어요** | 가다 行く | 가 + 지 않아요 | 가 + 지 않았어요 |

▶ 친구를 안 만났어요.
友達に会いませんでした。

▶ 친구를 만나지 않았어요.
友達に会いませんでした。

▶ 일본에서 한국까지 안 멀었어요.
日本から韓国まで遠くありませんでした。

▶ 일본에서 한국까지 멀지 않았어요.
日本から韓国まで遠くありませんでした。

| 연습 | 3 | 例のように否定形に変えてみましょう。 |

| 例 많다 多い | 안 많았어요 | 많지 않았어요 |
|---|---|---|
| ① 돌아오다 帰ってくる | | |
| ② 놀다 遊ぶ | | |
| ③ 유명하다 有名だ | | |
| ④ 사랑하다 愛する | | |

**【過去否定形の注意点】**

🌶 韓国語の「아직 -았 / 었어요」は、「まだ～していません」という意味を表す。
　例)「아직 안 먹었어요」⇒「まだ食べていません」

🌶 韓国語の動詞の「-았 / 었어요」は、「～しませんでした」以外に、「～していません」という意味も表す。

　　A: 점심 먹었어요?　　　　　昼ご飯食べましたか。

　　B: 아뇨, 안 먹었어요.　　　いいえ、食べませんでした。 / いいえ、食べていません。

🔊 2-50

## Step 2 文型練習

말하기 **1** 過去形を使って言ってみましょう。

> A: 영화를 봤어요? 映画を見ましたか。
> B: 아뇨, 안 봤어요. いいえ、見ませんでした。

① A: 햄버거를 시키다 ハンバーガーを注文する　B: 시키다
② A: 사진을 찍다 写真を撮る　B: 찍다
③ A: 결혼하다 結婚する　B: 결혼하다
④ A: 책을 빌리다 本を借りる　B: 빌리다

🔊 2-51

말하기 **2** 「ㅂ」・「으」変則活用に注意して、**해요**体の過去形で言ってみましょう。

> A: 바빴어요? 忙しかったですか。
> B: 네, 바빴어요. はい、忙しかったです。

① 불을 끄다 明かりを消す　② 날씨가 나쁘다 天気が悪い
③ 짐이 무겁다 荷物が重い　④ 시험이 어렵다 試験が難しい

쓰기 **1** 例にならい、会話文を完成させましょう。

| 例 안경이 비싸다 メガネが高い | A: 안경이 비쌌어요? メガネが高かったですか。 | B: 아뇨, 비싸지 않았어요. いいえ、高くありませんでした。 |
|---|---|---|
| ① 자전거를 빌리다 自転車を借りる | A: _____ | B: _____ |
| ② 양말을 신다 靴下を履く | A: _____ | B: _____ |
| ③ 그 사람을 좋아하다 その人が好きだ | A: _____ | B: _____ |

쓰기 **2** 例にならい、「いつ・誰と・何をした」かについて韓国語で書いてみましょう。

| 화요일 | 금요일 | 토요일 | 일요일 |
|---|---|---|---|
| 개 / 산책하다 犬 / 散歩する | 친구 / 술을 마시다 友達 / お酒を飲む | 동생 / 싸우다 弟・妹 / けんかする | 부모님 / 저녁을 먹다 両親 / 晩ご飯を食べる |

例 화요일에 개하고 산책했어요. 火曜日に犬と散歩しました。

①
②
③

96

## Step 3 応用会話 赤字の部分に【入れ替え練習】の語を入れてペアで話してみましょう。 🔊 2-52

① 이소미 : 다나카 씨, 오래간만이에요.

② 다나카 : 아～, 소미 씨! 잘 지냈어요?

　　　　　 저는 지난주에 한국에서 돌아왔어요.

③ 이소미 : 어학연수는 어땠어요?

④ 다나카 : ⓐ수업이 힘들었어요. 그래도 좋았어요.

⑤ 이소미 : 뭐가 그렇게 좋았어요?

⑥ 다나카 : ⓑ음식이 정말 맛있었어요.

🔁 入れ替え練習

| ⓐ | ⓑ |
|---|---|
| 숙제가 너무 많다<br>宿題がすごく多い | 친구가 많이 생기다<br>友達がたくさんできる |
| 조금 외롭다<br>少し寂しい | 한국어 실력이 늘다<br>韓国語の実力が伸びる |
| 학비가 비싸다<br>学費が高い | 홈스테이 가족이 친절하다<br>ホームステイ先の家族が優しい |

## Step 4 活動 下の質問に対する答えを書きましょう。その後、例のように友達と話してみましょう。

| 質問 | 自分 | (　　　　　) 씨 |
|---|---|---|
| 例 월요일 수업은 어땠어요?<br>月曜日の授業はどうでしたか。 | 재미있었어요. | |
| ① 화요일 아침에 뭐 먹었어요? | | |
| ② 수요일 날씨가 어땠어요? | | |
| ③ 목요일에 점심을 어디에서 먹었어요? | | |
| ④ 금요일 저녁에 뭐 했어요? | | |
| ⑤ 일요일에 뭐 했어요? | | |

# 제 13 과

# 뭐 먹고 싶어요?

何が食べたいですか。

**基本会話** 🔊 2-53

A: 오늘은 치즈닭갈비가 먹고 싶어요.

B: 와～, 한국 음식 좋아해요?

A: 네, 맵지만 좋아해요.

B: 그럼, 치즈닭갈비 먹고 팥빙수도 먹어요.

A： 今日はチーズタッカルビが食べたいです。
B： わぁ～、韓国料理が好きなんですか。
A： ええ、辛いけど好きです。
B： じゃ、チーズタッカルビを食べてかき氷も食べましょう。

## 単語および表現

| | | | |
|---|---|---|---|
| 치즈닭갈비 | チーズタッカルビ | -고 싶다 | ～したい |
| 한국 음식 | 韓国料理 | 맵다 | 辛い |
| -지만 | ～けれど | 그럼 | では、じゃ |
| -고 | ～して | 팥빙수 | かき氷 |

98

## 13-1 -고 〜して / 〜くて（羅列・順序）

用言の語幹につく。2つ以上の出来事を並べたり、動作の前後関係を表したりするときに使う。

▶ 여기는 싸고 맛있어요.　　　　ここは安くておいしいです。

▶ 음악도 듣고 책도 읽어요.　　　音楽も聞いて本も読みます。

▶ 점심을 먹고 커피를 마셨어요.　昼ご飯を食べてコーヒーを飲みました。

**연습 1** 次の二つの文を「-고」でつないでみましょう。

① 손을 씻다 / 밥을 먹다　　　⇒ 손을 (　　　　　) 밥을 먹어요.
　手を洗う / ご飯を食べる

② 코트가 가볍다 / 싸다　　　⇒ 코트가 (　　　　　) 싸요.
　コートが軽い / 安い

③ 사람들이 친절하다 / 재미있다　⇒ 사람들이 (　　　　　) 재미있어요.
　人々が親切だ / 面白い

## 13-2 -지만 〜が / 〜けれども（逆接）

用言の語幹につく。前の事柄に対し、後ろに反対の内容が続くときに使う。

▶ 집은 학교에서 멀지만 역에서 가까워요.　家は学校から遠いけど、駅から近いです。

▶ 비가 오지만 춥지 않아요.　　　雨が降っているけど、寒くありません。

▶ 저는 안 가지만 친구는 가요.　私は行かないけど、友達は行きます。

**연습 2** 用言に逆接の表現「-지만」をつけて言ってみましょう。

① 일어나다 起きる ＿＿＿＿＿＿＿　② 맛있다 美味しい ＿＿＿＿＿＿＿

③ 슬프다 悲しい ＿＿＿＿＿＿＿　④ 사랑하다 愛する ＿＿＿＿＿＿＿

## 13-3 -고 싶다 〜したい（希望・願望）

| 基本形 | 動詞語幹 + 고 싶다 | 丁寧形 |
|---|---|---|
| 가다 行く | 가 + 고 싶다 | 가고 싶어요 |
| 먹다 食べる | 먹 + 고 싶다 | 먹고 싶었어요 |

**연습 3** 例のように変えてみましょう。

| 例 읽다 読む | 읽고 싶어요 | 읽고 싶었어요 |
|---|---|---|
| ① 놀다 遊ぶ | | |
| ② 자다 寝る | | |
| ③ 여행하다 旅行する | | |

제
**13**
과

## Step 2 　文型練習

**말하기 1** 　願望表現の「**-고 싶다**」を使って言ってみましょう。

> A: 주말에 뭐 하고 싶어요?　週末、何がしたいですか。
> B: 피아노를 치고 싶어요.　ピアノを弾きたいです。

① 야경을 보다　夜景を見る
② 운동화를 사다　スニーカーを買う
③ 케이크를 만들다　ケーキを作る
④ 팝송을 듣다　洋楽を聴く

**말하기 2** 　逆接を表す「**-지만**」と願望を表す「**-고 싶어요**」を使って言ってみましょう。

> A: 뭐 하고 싶어요?　何がしたいですか。
> B: 숙제가 많지만 놀고 싶어요.　宿題が多いけど遊びたいです。

① 돈이 없다　お金がない / 온천에 가다　温泉に行く
② 수업이 있다　授業がある / 집에서 쉬다　家で休む
③ 차가 없다　車がない / 드라이브하다　ドライブする
④ 걱정이 되다　心配になる / 지금은 자다　今は寝る

**쓰기 1** 　例にならい、文を完成させましょう。

| 例 여기는 싸요 + 맛있어요<br>　ここは安いです　　美味しいです | ⇒ 여기는 싸고 맛있어요. |
|---|---|
| ① 친구를 만나요 + 쇼핑도 해요<br>　友達に会います　　買い物もします | ⇒ |
| ② 그 식당은 맛있어요 + 분위기도 좋아요<br>　その食堂は美味しいです　　雰囲気もいいです | ⇒ |
| ③ 동생은 키가 커요 + 운동도 잘해요<br>　弟は背が高いです　　運動も上手いです | ⇒ |

**쓰기 2** 　例にならい、文を完成させましょう。

| 例 시간은 있어요 + 돈이 없어요<br>　時間はあります　　お金がありません | ⇒ 시간은 있지만 돈이 없어요. |
|---|---|
| ① 디자인은 좋아요 + 무거워요<br>　デザインはいいです　　重いです | ⇒ |
| ② 야채는 먹어요 + 고기는 안 먹어요<br>　野菜は食べます　　肉は食べません | ⇒ |
| ③ 지하철은 타요 + 택시는 안 타요<br>　地下鉄は乗ります　　タクシーは乗りません | ⇒ |

**Step 3** 応用会話　赤字の部分に【入れ替え練習】の語を入れてペアで話してみましょう。　🔊 2-56

① 유카 : 이 ⓐ모자 어때요?

② 수철 : 우와 ⓑ예뻐요. 그런데 ⓒ비싸지 않아요?

③ 유카 : 좀 ⓒ비싸 지만 꼭 사고 싶어요.

④ 수철 : 제가 선물할까요? 생일이 언제예요?

⑤ 유카 : 오늘이에요.

⑥ 수철 : 농담이죠?

🔁 **入れ替え練習**

| ⓐ | ⓑ | ⓒ |
|---|---|---|
| 모자 帽子 | 예쁘다 可愛い | 비싸다 高い |
| 지갑 財布 | 멋지다 素敵だ | 크다 大きい |
| 가방 かばん | 색깔이 좋다 色がいい | 작다 小さい |
| 치마 スカート | 디자인이 좋다 デザインがいい | 짧다 短い |

**Step 4** 活動　宝くじで1億円当たったら何がしたいですか。したいことを書いて話してみましょう。

例) 1억원에 당첨됐어요. 집도 사고 차도 사고 싶어요.

① _____

② _____

③ _____

# 콘서트 보러 갈까요?

## コンサートを見に行きましょうか。

**基本会話** 🔊 2-57

A: 저는 케이팝을 좋아해요.

B: 주말에 콘서트 보러 갈까요?

A: 네, 좋아요. 몇 시에 만날까요?

B: 학교 앞에서 3 시에 만납시다.

A: 私はK-POPが好きです。
B: 週末にコンサートを見に行きましょうか。
A: はい、いいです。何時に会いましょうか。
B: 学校の前で3時に会いましょう。

### 単語および表現

| | | | |
|---|---|---|---|
| 케이팝 | K-POP | 주말 | 週末 |
| 콘서트 | コンサート | -(으)러 가다 | 〜しに行く |
| -(으)ㄹ까요? | 〜しましょうか | 몇 시 | 何時 |
| 앞 | 前 | -(으)ㅂ시다 | 〜しましょう |

## 14-1 -(으)러 가다 ～しに行く（目的）

母音語幹とㄹ語幹には「-러 가다」、子音語幹には「-으러 가다」をつけて、移動の目的を表す。ㄹ語幹の場合「-으」がつかないことに注意する。「가다」以外に移動動詞「오다、다니다」も用いられる。

| 母音語幹 ㄹ語幹 : -러 가다 | | 子音語幹 : -으러 가다 | |
|---|---|---|---|
| 보다 見る | 보 + 러 가다 | 먹다 食べる | 먹 + 으러 가다 |
| 놀다 遊ぶ | 놀 + 러 가다 | 읽다 読む | 읽 + 으러 가다 |

▶ 뭐 하러 가요? 何をしに行きますか。
▶ 돈을 찾으러 가요. お金をおろしに行きます。
▶ 놀러 갔어요? 遊びに行きましたか。
▶ 밥을 먹으러 갔어요. ご飯を食べに行きました。

**연습 1** 動詞の語幹に「-(으)러 가요」をつけて、文を完成させましょう。

① 친구하고 놀다 友だちと遊ぶ　⇒ ＿＿＿＿＿＿＿＿＿
② 사인을 받다 サインをもらう　⇒ ＿＿＿＿＿＿＿＿＿
③ 핸드폰을 사다 携帯電話を買う　⇒ ＿＿＿＿＿＿＿＿＿
④ 신문을 읽다 新聞を読む　⇒ ＿＿＿＿＿＿＿＿＿

## 14-2 -(으)ㄹ까요? ～しましょうか（提案）

母音語幹とㄹ語幹には「-ㄹ까요?」、子音語幹には「-을까요?」をつける。ㄹ語幹の場合は「ㄹ」が脱落するので注意する。話し手の意図について相手の意見を尋ねたり提案するときに使う。主語は「나，우리」であるが、省略して使う場合が多い。

| 母音語幹 ㄹ語幹 : -ㄹ까요? | | 子音語幹 : -을까요? | |
|---|---|---|---|
| 하다 する | 하 + ㄹ까요? | 먹다 食べる | 먹 + 을까요? |
| 만들다 作る | 만드 + ㄹ까요?（ㄹを取って） | 읽다 読む | 읽 + 을까요? |

▶ 무슨 영화를 볼까요? 何の映画を見ましょうか。
▶ 몇 시에 먹을까요? 何時に食べましょうか。
▶ 같이 놀까요? 一緒に遊びましょうか。
▶ 뭘 입을까요? 何を着ましょうか。

**연습 2** 動詞の語幹に「-(으)ㄹ까요?」をつけて、文を完成させましょう。

① 점심을 먹다 昼食を食べる　⇒ ＿＿＿＿＿＿＿＿＿
② 문을 닫다 ドアを閉める　⇒ ＿＿＿＿＿＿＿＿＿
③ 잡채를 만들다 チャプチェを作る　⇒ ＿＿＿＿＿＿＿＿＿
④ 수업을 시작하다 授業を始める　⇒ ＿＿＿＿＿＿＿＿＿

## 14-3 -(으)ㅂ시다　〜しましょう（勧誘）

聞き手に何かを一緒にするように誘いかけるときに使う。公の場で使うと呼びかけの表現になる。

| 母音語幹<br>ㄹ語幹 : -ㅂ시다 | | 子音語幹 : -읍시다 | |
|---|---|---|---|
| 하다 する | 하 + ㅂ시다 | 먹다 食べる | 먹 + 읍시다 |
| 만들다 作る | 만드 + ㅂ시다<br>（ㄹを取って） | 읽다 読む | 읽 + 읍시다 |

- ▸ 쇼핑을 합시다. 買い物をしましょう。
- ▸ 밖에서 놉시다. 外で遊びましょう。
- ▸ 많이 웃읍시다. たくさん笑いましょう。
- ▸ 사진을 찍읍시다. 写真を撮りましょう。

연습 **3**　動詞の語幹に「-(으)ㅂ시다」をつけて、文を完成させましょう。

① 슬슬 출발하다 そろそろ出発する　⇒ _____

② 큰 소리로 읽다 大きい声で読む　⇒ _____

③ 요리를 만들다 料理を作る　⇒ _____

④ 다음 역에서 내리다 次の駅で降りる　⇒ _____

🖊 提案の「-(으)ㄹ까요?」の答えとしては「-(으)ㅂ시다」と「-아／어요」がある。「-아／어요」は親しい間柄でよく使われる。

A: 오늘 무엇을 할까요?　　今日何をしましょうか。

B: 영화를 봅시다. ／ 영화를 봐요.　映画を見ましょう。

### 🔊 【ヘヨ体のイントネーション】
2-58

動詞の「해요体」は、イントネーションによって、四つの意味を持つ。

| 平叙文 | 학교에 가요. （↘） | 学校へ行きます。 |
|---|---|---|
| 疑問文 | 학교에 가요? （↗） | 学校へ行きますか。 |
| 勧誘文 | 학교에 가요. （〜↗） | 学校へ行きましょう。 |
| 命令文 | 학교에 가요. （↓） | 学校へ行って下さい。 |

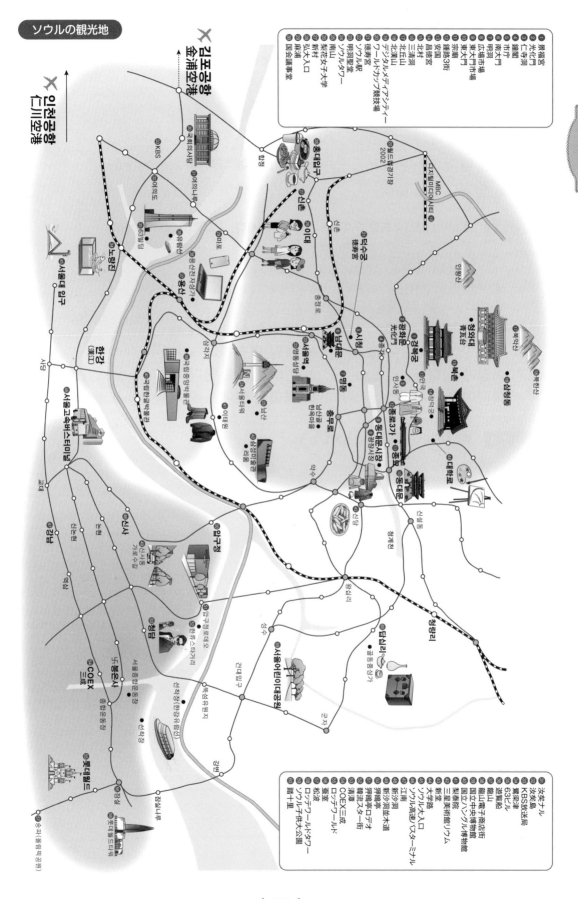

ソウルの観光地

① 景福宮
② 光化門
③ 仁寺洞
④ 鍾閣
⑤ 市庁
⑥ 南大門
⑦ 広場市場
⑧ 明洞
⑨ 東大門
⑩ 宗廟
⑪ 鍾路3街
⑫ 東大門市場
⑬ 安国洞
⑭ 昌徳宮
⑮ 三清洞
⑯ 北村
⑰ 北岳山
⑱ 北漢山
⑲ 梨花女子大学
⑳ 新村
㉑ 梨泰院
㉒ 仏光大入口
㉓ 明洞聖堂
㉔ ソウルタワー
㉕ 徳寿宮
㉖ ワールドカップ競技場
㉗ デジタルメディアシティー
㉘ ソウル駅
㉙ 麻浦大入口
㉚ 国会議事堂

᎛ 汝矣島
᎜ 汝矣ナル
᎝ KBS放送局
᎞ 鷺梁津
᎟ 63ビル
Ꭰ 遊覧船
Ꭱ 龍山
Ꭲ 龍山電子商店街
Ꭳ 国立中央博物館
Ꭴ 梨泰院
Ꭵ 三星美術館リウム
Ꭶ 国立ハングル博物館
Ꭷ 新堂
Ꭸ 大学路
Ꭹ 江南
Ꭺ ソウル高速バスターミナル
Ꭻ 新沙洞カロスキル
Ꭼ 狎鴎亭洞
Ꭽ 清潭
Ꭾ 韓流スター街
Ꭿ COEX三成
Ꮀ 松波
Ꮁ ロッテワールド
Ꮂ ロッテワールドタワー
Ꮃ ソウル子供大公園
Ꮄ 路十里

✈ 김포공항
金浦空港

✈ 인천공항
仁川空港

## Step 2 　文型練習

2-59

말하기 **1** 　勧誘を表す「-(으)ㅂ시다」を使って言ってみましょう。

> A: 내일 소포를 보냅시다. 　明日、小包を送りましょう。
> B: 네, 좋아요. 　はい、いいですよ。

① 택시를 타다 タクシーに乗る　　② 전화로 예약하다 電話で予約する

③ 짐을 맡기다 荷物を預ける　　④ 여기에 앉다 ここに座る

2-60

말하기 **2** 　提案の「-(으)ㄹ까요?」で聞き、「-(으)ㅂ시다」で返事してみましょう。

> A: 언제 만날까요? 　いつ会いましょうか。
> B: 모레 만납시다. 　明後日、会いましょう。

① A: 뭐로 보내다 何で送る　　B: 택배로 보내다 宅配便で送る

② A: 언제 연락하다 いつ連絡する　　B: 내일 연락하다 明日連絡する

③ A: 어떻게 찾다 どのように探す　　B: 인터넷으로 찾다 インターネットで探す

④ A: 어디에서 만나다 どこで会う　　B: 영화관 앞에서 만나다 映画館の前で会う

쓰기 **1** 　例にならい、文を完成させましょう。

| 例 영화를 보다 映画を見る | ⇒ 영화를 보러 갈까요? |
|---|---|
| ① 사진을 찍다 写真を撮る | ⇒ |
| ② 쓰레기를 버리다 ゴミを捨てる | ⇒ |
| ③ 같이 놀다 一緒に遊ぶ | ⇒ |

쓰기 **2** 　例にならい、「-(으)ㅂ시다 / -아/어요」を使って自由に答えを書いてみましょう。

| 例 무슨 옷을 입을까요? どんな服を着ましょうか。 | ⇒ 원피스를 입읍시다. / 원피스를 입어요. |
|---|---|
| ① 몇 시에 만날까요? 何時に会いましょうか。 | ⇒ |
| ② 누구 라이브에 갈까요? 誰のライブに行きましょうか。 | ⇒ |
| ③ 선물은 뭐를 살까요? プレゼントは何を買いましょうか。 | ⇒ |

**Step 3** 応用会話 赤字の部分に【入れ替え練習】の語を入れてペアで話してみましょう。 🔊 2-61

① 아야카 : 이번 겨울에 같이 여행 갈까요?

② 지민 : 네, 좋아요. 같이 갑시다.

③ 아야카 : 해외로 갈까요? 국내로 갈까요?

④ 지민 : 저는 ⓐ일본 국내로 가고 싶어요.

⑤ 아야카 : 그래요? ⓑ규슈 어때요?

⑥ 지민 : ⓑ규슈 좋네요. ⓒ온천도 하고 맛있는 것도 먹읍시다.

🔁 入れ替え練習

| ⓐ | ⓑ | ⓒ |
|---|---|---|
| 해외 海外 | 한국 韓国 | 쇼핑 買い物 |
| 일본 국내 日本国内 | 홋카이도 北海道 | 관광 観光 |
| 일본 국내 日本国内 | 오키나와 沖縄 | 수영 水泳 |

**Step 4** 活動 例は京都へ行く計画を示したものです。ペアでどこに行くか、何をするか、などを「A: -(으)ㄹ까요?」と「B: -(으)ㅂ시다」を使い、旅行の計画を立ててみましょう。

例 ① 교토 京都 / 가다　　② 12월 27일～12월 29일 / 가다
③ 신칸센 新幹線 / 가다　　④ 호텔 ホテル / 자다
⑤ 절 お寺 / 구경하다 見物する　　⑥ 유도후 湯豆腐 / 먹다
⑦ 선물 土産 / 사다

| ① A: 우리 어디에 ( 갈까요 )? | B: ( 교토 )에 갑시다. |
|---|---|
| ② A: 우리 언제 ( )? | B: |
| ③ A: 우리 어떻게 ( )? | B: |
| ④ A: 우리 어디에서 ( )? | B: |
| ⑤ A: 우리 뭘 ( )? | B: ( 절 )을 구경합시다. |
| ⑥ A: 우리 뭘 ( )? | B: |
| ⑦ A: 우리 뭘 ( )? | B: |

# 푹 쉬세요.

ゆっくり休んで下さい。

**基本会話** 🔊 2-62

A: 어디 아프세요?

B: 열이 나고 목이 아파요.

A: 밖에 나가지 마세요. 푹 쉬세요.

B: 고마워요.

> A： どこか具合でも悪いですか。
> B： 熱が出て、のどが痛いです。
> A： 外に出かけないで下さい。ゆっくり休んで下さい。
> B： ありがとうございます。

単語および表現

| | | | |
|---|---|---|---|
| 어디 | どこか、どこ | 아프다 | 痛い |
| -(으)세요 | ～して下さい。～なさいます。 | 열이 나다 | 熱が出る |
| 목 | 喉、首 | 밖 | 外 |
| 나가다 | 出かける、外出する | -지 마세요 | ～しないで下さい |
| 푹 | ゆっくり、ぐっすり | 쉬다 | 休む |

## 15-1 -(으)시다 尊敬形

　日本語では家族や身内を他人に言う場合は尊敬語を使わないが、韓国語では自分の両親や会社の上司を他人に言う場合でも尊敬語を使う。また、日本語では形容詞に尊敬語を使わないが、韓国語では形容詞にも尊敬語を使う。名詞の場合は「-(이)시다」がつく。

| 基本形 | 尊敬の基本形 | 尊敬の丁寧形 | |
|---|---|---|---|
| | 語幹 + (으)시다 | 합니다体 | 해요体 |
| 하다 する<br>（母音語幹） | 하 + 시다 | 하십니다 | 하세요 |
| 읽다 読む<br>（子音語幹） | 읽 + 으시다 | 읽으십니다 | 읽으세요 |
| 살다 住む<br>（ㄹ語幹） | 사 + 시다<br>（ㄹを取って） | 사십니다 | 사세요 |

▸ 선생님은 책을 읽으십니다 / 읽으세요.　　　先生は本を読んでいらっしゃいます。

▸ 어디 사십니까? / 사세요?　　　どこに住んでいらっしゃいますか。

▸ 어머니는 일하십니까? / 일하세요?　　　お母さんは働いていらっしゃいますか。

▸ 이 분이 사장님이십니까? / 사장님이세요?　　この方が社長でいらっしゃいますか。

### 【特殊な尊敬語】

자다 寝る 　→　 주무시다 お休みになる 　→　 주무십니다 / 주무세요 お休みになります

있다 いる 　→　 계시다 いらっしゃる 　→　 계십니다 / 계세요 いらっしゃいます

먹다 食べる<br>마시다 飲む 　}→　 드시다 召し上がる 　→　 드십니다 / 드세요 召し上がります

연습 1　次の用言を例のように尊敬形に直してみましょう。

| 例 사다 買う | 사시다 | 사십니다 | 사세요 |
|---|---|---|---|
| ① 입다 着る | | | |
| ② 기다리다 待つ | | | |
| ③ 씻다 洗う | | | |
| ④ 유명하다 有名だ | | | |
| ⑤ 만들다 作る | | | |
| ⑥ 자다 寝る | | | |
| ⑦ 있다 いる | | | |
| ⑧ 먹다 食べる | | | |

## 15-2 -(으)세요 ～してください（丁寧な指示）

聞き手に行動を促すように丁寧に頼んだり、指示あるいは命令したりするときに使う。

| 母音語幹 ㄹ語幹 : **-세요** | | 子音語幹 : **-으세요** | |
|---|---|---|---|
| 하다 する | 하 + 세요 | 앉다 座る | 앉 + 으세요 |
| 만들다 作る | 만드 + 세요 (ㄹを取って) | 읽다 読む | 읽 + 으세요 |

▶ 안녕히 가세요. さようなら。　　▶ 여기 앉으세요. ここに座って下さい。

▶ 어서 오세요. いらっしゃいませ。　▶ 따라 읽으세요. （あとに）ついて読んで下さい。

**연습 2** 次の単語に「-(으)세요」をつけてみましょう。

① 조심하다 気を付ける _____　② 해 보다 してみる _____

③ 여기에 놓다 ここに置く _____　④ 많이 웃다 たくさん笑う _____

## 15-3 -지 마세요 ～しないでください（禁止命令）

動詞の語幹について、聞き手にある行動をしないように命令するときに使う。丁寧な指示「-(으)세요」の否定形である。

▶ 지하철에서는 전화하지 마세요.　地下鉄では電話しないでください。

▶ 수업 시간에 떠들지 마세요.　　授業時間におしゃべりしないでください。

▶ 영화관에서 이야기하지 마세요.　映画館で話さないでください。

**연습 3** 動詞の語幹に「-(으)세요」と「-지 마세요」をつけて変えてみましょう。

| 例 읽다 読む | 읽으세요 | 읽지 마세요 |
|---|---|---|
| ① 사다 買う | | |
| ② 주문하다 注文する | | |
| ③ 기대하다 期待する | | |
| ④ 놓다 置く | | |
| ⑤ 앉다 座る | | |
| ⑥ 서두르다 急ぐ | | |
| ⑦ 열다 開ける | | |
| ⑧ 팔다 売る | | |

練習してみましょう

**1** 次の用言を例のように書いてみましょう。

| 基本形 | -아 / 어요 | -(으)세요 |
|---|---|---|
| 例 알다 分かる | 알아요 | 아세요 |
| ① 읽다 読む | | |
| ② 웃다 笑う | | |
| ③ 만나다 会う | | |
| ④ 주다 あげる | | |
| ⑤ 보내다 送る | | |
| ⑥ 운동하다 運動する | | |
| ⑦ 유명하다 有名だ | | |
| ⑧ 어렵다 難しい | | |
| ⑨ 덥다 暑い | | |
| ⑩ 아프다 痛い | | |
| ⑪ 바쁘다 忙しい | | |
| ⑫ 팔다 売る | | |
| ⑬ 열다 開ける | | |

**2** 次の「名詞 +**이다**」を使って、例のように書いてみましょう。

| 基本形 | -예요 / 이에요 | -(이)세요 |
|---|---|---|
| 例 선생님이다 先生だ | 선생님이에요 | 선생님이세요 |
| ① 할머니이다 お祖母さんだ | | |
| ② 아버지이다 お父さんだ | | |
| ③ 회사원이다 会社員だ | | |
| ④ 일본사람이다 日本人だ | | |

🔊
2-63

## Step 2 文型練習

말하기 **1** 相手に尊敬の「-(으)세요」を使って言ってみましょう。

> A: 어떻게 해요?　どうしますか。
> B: 인터넷으로 자료를 찾으세요. インターネットで資料を探してください。

① 전화로 연락하다　電話で連絡する　② 조금만 참다　少し我慢する

③ 한자로 쓰다　漢字で書く　④ 숟가락으로 비비다　スプーンでまぜる

🔊
2-64

말하기 **2** Aは「-(으)세요」で聞き、Bは「-아/어요」で返事してみましょう。

> A: 어디에서 아르바이트하세요?　どこでバイトをしていらっしゃいますか。
> B: 편의점에서 해요.　コンビニでしています。

① A: 몇 시에 주무시다　何時にお休みになる　B: 12시쯤 자다　12時頃に寝る

② A: 아침에 뭐 드시다　朝、何を召し上がる　B: 빵을 먹다　パンを食べる

③ A: 언제 약을 드시다　いつ薬を飲まれる　B: 식사 후에 먹다　食後に飲む

④ A: 가수 누구를 좋아하시다　歌手は誰がお好きだ

B: (　　　)를/을 좋아하다　(　　)が好きだ

쓰기 **1** Aに続く文として、ふさわしいものを例から選び、Bに「-지 마세요」をつけて書いてみましょう。

例 게임을 많이 하다 / 밤에 커피를 마시다 / 햄버거를 많이 먹다

① A: 밤에 잠이 안 와요.　夜眠れないです。　B: _____

② A: 살을 빼고 싶어요.　痩せたいです。　B: _____

③ A: 요즘 눈이 아파요.　最近目が痛いです。　B: _____

쓰기 **2** 例にならい、文を完成させましょう。

例 할아버지 / 밤 9시쯤 자다　祖父 / 夜9時頃に寝る　⇒ 할아버지는 밤 아홉시쯤 주무십니다.

① 어머니 / 부엌 / 점심을 먹다　母 / 台所 / 昼食を食べる　⇒

② 사장님 / 사무실 / 있다　社長 / 事務室 / いる　⇒

③ 할머니 / 방 / 자다　祖母 / 部屋 / 寝る　⇒

**Step 3** 応用会話 赤字の部分に【入れ替え練習】の語を入れてペアで話してみましょう。 🔊 2-65

① 의사 : 이쪽으로 앉으세요. 어디가 아프세요?

② 유카 : 어제부터 ⓐ목이 아프고 열이 나요.

③ 의사 : 자, 어디 봅시다. (診察後)

　　　　감기입니다.

④ 유카 : 참, 배도 아파요.

⑤ 의사 : 요즘 유행하는 감기예요. ⓑ무리하지 마세요.

🔄 入れ替え練習

| ⓐ | ⓑ |
|---|---|
| 열이 있고 목이 아프다<br>熱があって、喉が痛い | 말을 많이 하다<br>たくさん話す |
| 춥고 온몸이 쑤시다<br>寒気がして、節々が痛い | 목욕하다<br>お風呂に入る |
| 기침이 나오고 콧물이 나오다<br>咳が出て、鼻水が出る | 밖에 나가다<br>外に出かける |

**Step 4** 活動 質問する側は尊敬語「-(으)세요」、答える側は「-아/어요」を使って会話しましょう。

例 A: 어디에서 아르바이트하세요?　どこでバイトをしていらっしゃいますか。
　 B: 편의점에서 해요.　　　　　　コンビニでしています。

| | 自分 | (　　　　)씨 | (　　　　)씨 |
|---|---|---|---|
| ① 아침 몇 시에 일어나다<br>朝、何時に起きる | | | |
| ② 무슨 요일에 수업이 있다<br>何曜日に授業がある | | | |
| ③ 어디에 살다<br>どこに住む | | | |
| ④ 연예인 누구를 좋아하다<br>芸能人は誰が好きだ | | | |
| ⑤ 몇 시에 자다<br>何時に寝る | | | |
| ⑥ 생일 선물은 뭐가 좋다<br>どんな誕生日のプレゼントがいい | | | |
| 自由質問 | | | |

# 뭐 할 거예요?

何をするつもりですか。

**基本会話** 🔊 2-66

A: 방학에 뭐 할 거예요?

B: 저는 방학마다 여행을 가요.

A: 이번 방학에는 어디에 갈 거예요?

B: 가족과 오키나와에 갈 거예요.

A： 休みに何をするつもりですか。
B： 私は休みごとに旅行に行きます。
A： 今度の休みにはどこに行くつもりですか。
B： 家族と沖縄に行くつもりです。

単語および表現

| 방학 | 休み(学校の長期休み) | 뭐 | 何 |
|---|---|---|---|
| -(으)ㄹ 거예요 | ~するつもりです(計画、予定) | -마다 | ~ごとに、毎 |
| 여행을 가다 | 旅行に行く | 이번 | 今度、今回 |
| 가족 | 家族 | -과 | ~と |

## 16-1　-(으)ㄹ 거예요　～するつもりです／～でしょう（予定・推量）

主語が1人称の場合は話し手の予定（意志）を、主語が3人称と形容詞の場合は推量の意味を表す。

| 母音語幹<br>ㄹ語幹 : -ㄹ 거예요 | | 子音語幹 : -을 거예요 | |
|---|---|---|---|
| 보다 見る | 보 + ㄹ 거예요 | 읽다 読む | 읽 + 을 거예요 |
| 놀다 遊ぶ | 노 + ㄹ 거예요<br>（ㄹを取って） | 춥다 寒い | 추 + 울 거예요<br>（ㅂの変則） |

〈予定（意志）〉

▶ 공부할 거예요. 勉強するつもりです。　　▶ 돈을 찾을 거예요. お金をおろすつもりです。

▶ 밖에서 놀 거예요. 外で遊ぶつもりです。　　▶ 밥을 먹을 거예요. ご飯を食べるつもりです。

〈推量〉

▶ 내일은 바쁠 거예요. 明日は忙しいでしょう。　　▶ 재미있을 거예요. 面白いでしょう。

▶ 비가 그칠 거예요. 雨が止むでしょう。　　▶ 집이 멀 거예요. 家が遠いでしょう。

연습　1　下線のところが「予定」か「推量」かを（　）に書いてみましょう。

| 例 오늘은 데이트가 있어요. 그래서 치마를 입을 거예요. | （　予定　） |
|---|---|

① 어제는 안 추웠어요. 내일은 추울 거예요.　　　　　　　（　　　　　）

② 친구하고 극장에서 영화를 볼 거예요.　　　　　　　　　（　　　　　）

③ 미나 씨는 오늘 학교에 오지 않을 거예요.　　　　　　　（　　　　　）

④ 저는 주말에 콘서트를 보러 갈 거예요.　　　　　　　　　（　　　　　）

## 16-2　-마다　～ごとに、～おきに、毎～

時間を表す名詞について、習慣や反復を表す。その他の名詞につくと、一つの例外もなく全て、という意味を表す。

▶ 일요일마다 日曜日ごとに　　▶ 나라마다 国ごとに

▶ 날마다 毎日　　▶ 집집마다 家ごとに

연습　2　名詞の後ろに「-마다」をつけてみましょう。

① 5분＿＿＿＿＿＿ 지하철이 와요.　　5分おきに地下鉄が来ます。

② 주말＿＿＿＿＿＿ 청소해요.　　週末ごとに掃除します。

③ 선생님＿＿＿＿＿＿ 숙제를 내요.　　先生ごとに宿題を出します。

④ 컴퓨터는 교실＿＿＿＿＿＿ 있어요.　　パソコンは教室ごとにあります。

## Step 2 文型練習

말하기 **1**   予定（意志）の「-(으)ㄹ 거예요」を使って言ってみましょう。

> A: 언제 식사할 거예요?　いつ食事をするつもりですか。
> B: 이따가 할 거예요.　後でするつもりです。

① A: 주말에 뭐 하다 週末に何をする　　　B: 자전거를 타다 自転車に乗る
② A: 무슨 요일에 가다 何曜日に行く　　　B: 화요일에 가다 火曜日に行く
③ A: 어디에서 쇼핑하다 どこで買い物する　B: 백화점에서 하다 デパートでする
④ A: 내일 학교에 가다 明日学校へ行く　　B: 아뇨, 안 가다 いいえ、行かない

말하기 **2**   Aは「-(으)실 거예요」、Bは「-(으)ㄹ 거예요」を使って言ってみましょう。

> A: 선생님, 이 책을 읽으실 거예요?　先生、この本をお読みになるつもりですか。
> B: 네, 읽을 거예요.　はい、読むつもりです。

① A: 내일 학교에 오시다 明日、学校に来られる　　　B: 오다 来る
② A: 주말에 친구를 만나시다 週末に友だちに会われる　B: 만나다 会う
③ A: 내일 집에 계시다 明日、家にいらっしゃる　　　B: 있다 いる
④ A: 오늘 일찍 주무시다 今日、早くお休みになる　　B: 일찍 자다 早く寝る

쓰기 **1**   例にならい、文を完成させましょう。

| 例 날 / 단어를 외우다<br>日 / 単語を覚える | ⇒ 날마다 단어를 외울 거예요. |
|---|---|
| ① 일요일 / 방 청소하다<br>日曜日 / 部屋の掃除をする | ⇒ |
| ② 주말 / 운동을 하다<br>週末 / 運動をする | ⇒ |
| ③ 5분 / 지하철이 오다<br>5分 / 地下鉄が来る | ⇒ |

쓰기 **2**   Aに続く文として、ふさわしいものを例から選び、Bに「-(으)ㄹ 거예요」をつけて書いてみましょう。

| 例 아마 길이 막히다 / 사람들이 꽃구경 가다 / 아마 괜찮다<br>多分道が混む / 人々が花見をする / 多分大丈夫だ | |
|---|---|
| ① A: 눈이 왔어요.<br>雪が降りました。 | B: _____ |
| ② A: 면접이 걱정이에요.<br>面接が心配です。 | B: _____ |
| ③ A: 벚꽃이 피었어요.<br>桜が咲きました。 | B: _____ |

## Step 3 応用会話 赤字の部分に【入れ替え練習】の語を入れてペアで話してみましょう。 🔊 2-69

① 다나카 : 여름 방학에 서울에서 ⓐ홈스테이 할 거예요.

② 이소미 : 정말요? 한국 음식 잘 먹어요?

③ 다나카 : 네, 특히 ⓑ김치를 좋아해요.

④ 이소미 : 한국은 집집마다 ⓑ김치 맛이 다를 거예요.

⑤ 다나카 : 기대돼요. 빨리 한국에 가고 싶어요.

⑥ 이소미 : 다나카 씨, 여름 방학 아직 멀었어요.

🔁 入れ替え練習

| ⓐ | ⓑ |
|---|---|
| 어학연수하다 語学研修をする | 떡볶이 トッポギ |
| 인턴으로 일하다 インターンとして働く | 순두부찌개 スンドゥブチゲ |
| 생활하다 生活する | 불고기 プルゴギ |

## Step 4 活動 日本に留学している「**수철**」が韓国のお祖父さんに書いた手紙です。

| |
|---|
| 할아버지께 |
| 할아버지 안녕하세요? |
| 저는 일본에서 잘 지내요. 날마다 학교에 다녀요. |
| 다음 달부터는 아르바이트를 시작할 거예요. 친구하고 같이 식당에서 일할 거예요. |
| 거기에서 저녁도 먹을 거예요. 그리고 주말마다 일본 여기저기를 구경할 거예요. |
| 일본 친구도 많이 사귈 거예요. 할아버지 방학에 일본에 놀러 오세요. |
| 수철 올림 |

▶ 単語 : -께 ~へ、여기저기 あちこち、많이 たくさん、사귀다 付き合う、올림(手紙の最後に差出人の名前を書いて)~より

自分の両親や祖父母に手紙を書いてみましょう。

제 16 과

# 제 17 과

## 태권도를 배우고 있어요.

テコンドーを習っています。

基本会話 🔊 2-70

A: 저는 요즘 태권도를 배우고 있어요.

B: 태권도 잘할 수 있어요?

A: 조금은 할 수 있어요.

B: 정말요? 저도 배우고 싶어요.

A：私は最近テコンドーを習っています。
B：テコンドー、上手くできますか。
A：少しはできます。
B：本当ですか。私も習いたいです。

### 単語および表現

| | | | |
|---|---|---|---|
| 요즘 | 最近 | 태권도 | テコンドー |
| 배우다 | 習う、学ぶ | -고 있다 | ～ている (進行) |
| 잘하다 | 上手だ、上手い | -(으)ㄹ 수 있다 | ～することができる |
| 조금은 | 少しは | 정말요? | 本当ですか |

118

## 17-1　-고 있다　〜ている（進行）

動詞の語幹について動作が進行していることを表す。「-고 있다」の尊敬語は「-고 계시다」である。

▸ 테니스를 치고 있어요.　　　　　テニスをしています。

▸ 우리집 고양이를 찾고 있어요.　我が家の猫を探しています。

▸ 아버지는 회사에서 일하고 계세요.　父は会社で働いています。

▸ 할아버지가 텔레비전을 보고 계세요?　お祖父さんがテレビを見ていらっしゃいますか。

연습　**1**　動詞の語幹に「-고 있어요」をつけて文を完成させましょう。

① 손을 씻다　手を洗う　　　　　　⇒ _____

② 방에서 음악을 듣다　部屋で音楽を聞く　⇒ _____

③ 강아지하고 놀다　子犬と遊ぶ　　⇒ _____

④ 지금 비가 오다　今、雨が降る　　⇒ _____

## 17-2　-(으)ㄹ 수 있다　〜することができる（可能・能力）

不可能を表す「〜することができない」は「-(으)ㄹ 수 없다」になる。

| 母音語幹<br>ㄹ語幹 : -ㄹ 수 있다 | | 子音語幹 : -을 수 있다 | |
|---|---|---|---|
| 기다리다 待つ | 기다리 + ㄹ 수 있다 | 먹다 食べる | 먹 + 을 수 있다 |
| 만들다 作る | 만드 + ㄹ 수 있다<br>（ㄹを取って） | 믿다 信じる | 믿 + 을 수 있다 |

▸ 빵을 만들 수 있어요.　　　　　パンを作ることができます。

▸ 3 시까지 기다릴 수 있어요?　3時まで待つことができますか。

▸ 그 얘기를 믿을 수 없어요.　　その話を信じることができません。

연습　**2**　例にならい、可能・不可能表現に直してみましょう。

| 例 김치찌개를 먹다 | 김치찌개를 먹을 수 있어요. | 김치찌개를 먹을 수 없어요. |
|---|---|---|
| ① 사진을 찍다<br>写真を撮る | | |
| ② 반바지를 입다<br>半ズボンを履く | | |
| ③ 창문을 열다<br>窓を開ける | | |
| ④ 청소를 잘하다<br>掃除が上手だ | | |

## Step 2 文型練習

말하기 **1** 動作の進行表現「-**고 있다**」を使って言ってみましょう。

A: 수철 씨는 뭐 하고 있어요?　スチョルさんは何をしていますか。
B: 한국말을 공부하고 있어요.　韓国語を勉強しています。

① 목욕을 하다 お風呂に入る　　② 노래를 부르다 歌を歌う
③ 공원에서 걷다 公園で歩く　　④ 피아노를 치다 ピアノを弾く

말하기 **2** 可能・不可能表現「-**(으)ㄹ 수 있다 /없다**」を使って言ってみましょう。

A: 혼자 한국에 갈 수 있어요?　一人で韓国に行けますか。
B: 아뇨, 혼자 갈 수 없어요.　いいえ、一人で行けません。

① 영어로 메일을 보내다 英語でメールを送る　　② 케이크를 만들다 ケーキを作る
③ 줄넘기를 하다 縄跳びをする　　④ 말을 타다 馬に乗る

쓰기 **1** 例にならい、会話を完成させましょう。

| 例 길을 걷다 | A: 지금 뭐 하고 있어요? 今、何をしていますか。<br>B: 길을 걷고 있어요. 道を歩いています。 |
|---|---|
| ① 음악을 듣다 | A: 지금 뭐 하고 있어요? 今、何をしていますか。<br>B: _____ |
| ② 책을 읽다 | A: 도서관에서 뭐 하고 있었어요? 図書館で何をしていましたか。<br>B: _____ |
| ③ 회의하다 | A: 사장님은 뭐 하고 계세요? 社長は何をなさっていますか。<br>B: _____ |

쓰기 **2** 例にならい、自分にできることと、できないことを書いてみましょう。

| 例 혼자 한복 / 입다<br>一人で韓服 / 着る | ⇒ 혼자 한복을 입을 수 없어요. |
|---|---|
| ① 갈비 2인분 / 먹다<br>カルビ2人前 / 食べる | ⇒ |
| ② 한국 노래 / 부르다<br>韓国の歌 / 歌う | ⇒ |
| ③ 여행 / 혼자 가다<br>旅行 / 一人で行く | ⇒ |
| ④ 닭갈비 / 만들다<br>タッカルビ / 作る | ⇒ |

**Step 3** 応用会話　赤字の部分に【入れ替え練習】の語を入れてペアで話してみましょう。　🔊 2-73

① 아야카 : 취미가 뭐예요?

② 수철 : 요즘 @태권도를 배우고 있어요.

③ 아야카 : 어디에서 배워요?

④ 수철 : @태권도 학원에서 배워요.

　　　　 아야카 씨는 @태권도 할 수 있어요?

⑤ 아야카 : 아뇨, 저는 할 수 없어요.

　　　　 하지만 배우고 싶어요.

🔁 入れ替え練習

| ⓐ | | | |
|---|---|---|---|
| 스케이트 スケート | 요가 ヨガ | 바둑 囲碁 | 장기 将棋 |
| 발레 バレエ | 한국 요리 韓国料理 | 피아노 ピアノ | 기타 ギター |
| 댄스 ダンス | 바이올린 バイオリン | 컴퓨터 パソコン | 검도 剣道 |

**Step 4** 活動　質問に対して自分にできることを書いた後、例にならい友達と話してみましょう。

| | 自分 | (　　　)씨 | (　　　)씨 | (　　　)씨 |
|---|---|---|---|---|
| ① 무슨 요리? | 파스타 | | | |
| ② 무슨 외국어? | | | | |
| ③ 무슨 운동? | | | | |
| ④ 무슨 노래? | | | | |
| 自由質問 | | | | |

> 例 저는 파스타를 만들 수 있어요.
> 　　(　　　　) 씨는 뭘 만들 수 있어요?

# 제 18 과

# 뭐 드시겠어요?

何を召し上がりますか。

**基本会話** 🔊 2-74

A: 뭐 드시겠어요?

B: 육개장을 먹겠어요.

A: 육개장은 매워요. 괜찮으시겠어요?

B: 매우면 갈비탕을 먹겠어요.

A: 何を召し上がりますか。
B: ユッケジャンを食べます。
A: ユッケジャンは辛いです。よろしいでしょうか。
B: 辛ければカルビタンを食べます。

単語および表現

| | | | |
|---|---|---|---|
| 드시다 | 召し上がる | -겠다 | ～するつもりだ（意志） |
| 육개장 | ユッケジャン | 맵다 | 辛い |
| 괜찮으시다 | よろしい | -(으)면 | ～と、たら、ば（仮定・条件） |
| 갈비탕 | カルビタン | | |

## 18-1 -겠다 ～するつもりだ (意志)、～するだろう / しそうだ (推測)

用言の語幹に「-겠다」をつける。主語が1人称の場合は話し手の意志表現、2人称の場合は聞き手に意志を尋ねる表現になる。また主語が3人称と述語が形容詞の場合は推測を表す。そのほかにへりくだった丁寧な感じの婉曲表現にも用いられる。합니다体は「-겠습니다」、해요体は「-겠어요」となる。

| 意志 | 청소는 제가 하**겠**습니다.<br>여기서 기다리시**겠**습니까? | 掃除は私がします。<br>ここでお待ちになりますか? |
|---|---|---|
| 推測 | 내일은 비가 오**겠**습니다.<br>맛있**겠**어요. | 明日は雨が降るでしょう。<br>美味しそうです。 |
| 婉曲 | 잘 알**겠**습니다.<br>잘 먹**겠**습니다. | よく分かりました。<br>いただきます。 |

연습 **1** 下線のところが「意志」か「推測」か「婉曲」かを ( ) に書いてみましょう。

| 例 내일 자료를 찾으러 도서관에 <u>가겠습니다</u>. | ( 意志 ) |
|---|---|

① 올해는 작년보다 겨울이 <u>춥겠습니다</u>.      ( )

② 이 문제를 잘 <u>모르겠습니다</u>.      ( )

③ 제가 내일 다시 <u>전화하겠습니다</u>.      ( )

## 18-2 -(으)면 ～と、たら、ば (仮定・条件)

ㄹ語幹の場合は「-으」がつかないことに注意する。

| 母音語幹<br>ㄹ語幹 : -면 | | 子音語幹 : -으면 | |
|---|---|---|---|
| 만나다 会う | 만나 + 면 | 씻다 洗う | 씻 + 으면 |
| 걸다 かける | 걸 + 면 | 재미있다 面白い | 재미있 + 으면 |
| 어둡다 暗い | 어두우 + 면<br>(ㅂの変則) | 자고 싶다 寝たい | 자고 싶 + 으면 |

▶ 도착하면 연락하겠습니다.      到着したら連絡いたします。

▶ 시간이 있으면 우리 집에 놀러 오세요.      時間があったら我が家に遊びに来てください。

▶ 추우면 모자를 쓰세요.      寒ければ帽子をかぶってください。

연습 **2** 用言に「-면 /으면」をつけてみましょう。

① 날씨가 맑다 ⇒ _____    ② 창문을 열다 ⇒ _____
    天気が晴れる                          窓を開ける

③ 여러 번 하다 ⇒ _____    ④ 6시가 되다 ⇒ _____
    何回もする                           6時になる

🔊 **Step 2** 文型練習

2-75

말하기 **1** 推測表現「**-겠습니다**」を使って言ってみましょう。

> A: 내일 날씨가 어떻겠습니까?　明日の天気はどうでしょうか。
> B: 흐리겠습니다.　曇るでしょう。

① 맑다 晴れる　　　　　② 눈이 오다 雪が降る

③ 바람이 불다 風が吹く　④ 따뜻하다 暖かい

🔊 말하기 **2**　仮定・条件の表現「**-면/으면**」と「**ㄹ(을) 거예요**」を使って言ってみましょう。

2-76

> A: 일요일에 뭐 할 거예요?　日曜日に何をするつもりですか。
> B: 비가 오면 부침개를 먹을 거예요.　雨が降ったらチヂミを食べる予定です。

① 아르바이트가 없다　アルバイトがない　　바다를 보러 가다 海を見に行く

② 바람이 세게 불다　風が強く吹く　　서핑하러 가다　サーフィンをしに行く

③ 날씨가 너무 춥다　天気がとても寒い　집에 있다　　　家にいる

④ 과제가 빨리 끝나다　課題が早く終わる　개하고 놀다　　犬と遊ぶ

쓰기 **1**　例にならい、Aは「**-(으)시겠습니까**」、Bは「**-겠습니다**」を使って会話を完成させましょう。

| 例 먹다<br>食べる | A: 뭐 드시겠습니까? | B: 불고기버거를 먹겠습니다. |
|---|---|---|
| ① 시키다<br>注文する | A: 뭐 ＿＿＿＿＿＿＿＿ | B: 양념치킨하고 맥주를 ＿＿＿＿＿ |
| ② 마시다<br>飲む | A: 뭐 ＿＿＿＿＿＿＿＿ | B: 커피를 ＿＿＿＿＿＿＿＿ |
| ③ 신다<br>履く | A: 뭐 ＿＿＿＿＿＿＿＿ | B: 운동화를 ＿＿＿＿＿＿＿ |

쓰기 **2**　Aに続く文としてふさわしいものを例から選んでBに書いてみましょう。

例 잘 모르겠습니다 / 배가 고프겠어요 / 잘 먹겠습니다 / 힘들겠어요

| ① A: 과제가 너무 많아요.<br>課題がとても多いです。 | B: ＿＿＿＿＿＿＿＿＿＿ |
|---|---|
| ② A: 아직 점심을 안 먹었어요.<br>まだ昼食を食べていません。 | B: ＿＿＿＿＿＿＿＿＿＿ |
| ③ A: 맛있게 드세요.<br>美味しく召し上がってください。 | B: ＿＿＿＿＿＿＿＿＿＿ |
| ④ A: 이거 알겠어요?<br>これ、分かりますか。 | B: ＿＿＿＿＿＿＿＿＿＿ |

**Step 3** 応用会話 赤字の部分に【入れ替え練習】の語を入れてペアで話してみましょう。 🔊 2-77

① 다나카 : ⓐ한국 회사에 취직했어요.

② 선생님 : 축하해요. 잘됐네요.

③ 다나카 : 네, 아주 기뻐요. 축하 파티하면 오시겠어요?

④ 선생님 : 네, 가고 싶어요. 언제 해요?

⑤ 다나카 : ⓑ다음주 토요일요.

　　　　　선생님이 오시면 다 좋아할 거예요.

⑥ 선생님 : 꼭 갈게요.

🔄 入れ替え練習

| ⓐ | ⓑ |
|---|---|
| TOPIK 6급에 합격하다 TOPIK 6級に合格する | 금요일 오후 金曜日の午後 |
| 우리 팀이 우승하다 うちのチームが優勝する | 모레 저녁 6시 明後日の夕方6時 |
| 새 집으로 이사하다 新築に引っ越しする | 이번 주 수요일 今週の水曜日 |
| 지난주에 퇴원하다 先週退院する | 다음 주 일요일 来週の日曜日 |

**Step 4** 活動 次の状況であなたならどうしますか。自分の事を書いた後、例のように友達と話してみましょう。

| | 自分 | (　　　　) 씨 | (　　　　) 씨 |
|---|---|---|---|
| ① 눈이 오면 雪が降ったら | 스키를 타러 가다 | | |
| ② 한국에 놀러 가면 韓国に遊びに行ったら | | | |
| ③ 졸업하면 卒業すると | | | |
| ④ 돈을 많이 모으면 お金がたくさん貯まったら | | | |
| ⑤ 아침에 일찍 일어나면 朝早く起きると | | | |
| ⑥ 주말에 시간이 있으면 週末に時間があれば | | | |

> 例 저는 눈이 오면 스키를 타러 가겠어요.
> (　　　　) 씨는 뭐 하시겠어요?

# 이사하려고 해요.

### 引っ越ししようと思います。

**基本会話** 🔊 2-78

A: 집이 멀어요?

B: 네, 전철로 2 시간 걸려요.

A: 힘들지 않아요?

B: 네, 힘들기 때문에 이사하려고 해요.

A : 家が遠いですか。
B : はい、電車で2時間かかります。
A : 大変ではありませんか。
B : はい、大変なので引っ越ししようと思います。

単語および表現

| | | | |
|---|---|---|---|
| 멀다 | 遠い | 전철 | 電車 |
| 걸리다 | かかる | 힘들다 | 大変だ |
| -지 않아요? | ~ではありませんか | -기 때문에 | ~なので |
| 이사하다 | 引っ越しする | -(으)려고 해요 | ~しようと思います |

## 19-1 -(으)려고 하다 ～しようと思う（意図・計画）

これからの計画や意図を表す表現である。かしこまった場面では「-(으)려고 합니다(까)?」を、打ち解けた場面では「-(으)려고 해요(?)」を使う。

| 母音語幹<br>ㄹ語幹 : -려고 하다 | | 子音語幹 : -으려고 하다 | |
|---|---|---|---|
| 하다 する | 하 + 려고 하다 | 먹다 食べる | 먹 + 으려고 하다 |
| 놀다 遊ぶ | 놀 + 려고 하다 | 읽다 読む | 읽 + 으려고 하다 |

▶ 수업 후에 시험 공부를 하려고 합니다.　　授業の後に試験勉強をしようと思います。

▶ 졸업식에 뭐 입으려고 해요?　　卒業式に何を着ようと思いますか。

▶ 주말에 놀이동산에서 놀려고 해요.　　週末に遊園地で遊ぼうと思います。

연습 1　動詞の語幹に「-(으)려고 해요」を入れて文を完成させましょう。

① 비행기 표를 예약하다 航空券を予約する　⇒ _____

② 예약을 취소하다 予約をキャンセルする　⇒ _____

③ 발표 자료를 찾다 発表の資料を探す　⇒ _____

④ 김치김밥을 만들다 キムチキンパを作る　⇒ _____

## 19-2 -기 때문에 ～ので、から（理由・原因）

用言の語幹にパッチムの有無と関係なく、「-기 때문에」をつける。

▶ 시험이 있기 때문에 도서관에 가려고 해요.　　試験があるので図書館に行こうと思います。

▶ 혼자 살기 때문에 외식을 자주 해요.　　一人暮らしなので外食をよくします。

▶ 바쁘기 때문에 삼각김밥을 먹으려고 해요.　　忙しいのでおにぎりを食べようと思います。

▶ 약속 시간에 늦었기 때문에 먼저 가요.　　約束の時間に遅れたので先に帰ります。

연습 2　（　）の単語を使って、文を完成させましょう。

① 한국 음식을 _____ 자주 만들어요.　　韓国料理が好きな<u>の</u>でよく作ります。
　　　　　　（좋아하다）

② 역 근처에 _____ 편해요.　　駅の近くに住んでいる<u>の</u>で楽です。
　　　　　　（살다）

③ 비가 _____ 집에 있어요.　　雨が降っている<u>の</u>で家にいます。
　　　　（오다）

④ 골고루 잘 _____ 건강해요.　　バランスよく食べている<u>の</u>で健康です。
　　　　　（먹다）

제19과

말하기 **1** 意図や計画を表す「-(으)려고 해요」を使って言ってみましょう。

> A: 일요일 아침에 뭐 하려고 해요?　日曜日の朝、何をしようと思いますか。
> B: 청소를 하려고 해요.　掃除をしようと思います。

① 공원을 산책하다 公園を散歩する　　② 가족과 밥을 먹다 家族とご飯を食べる

③ 늦잠을 자다 寝坊する　　④ 조카하고 놀다 甥っ子と遊ぶ

🔊 말하기 **2** 理由を表す「-기 때문에」と計画を表す「-(으)려고 해요」を使って言ってみましょう。
2-80

> A: 뭐 하려고 해요?　何をしようと思いますか。
> B: 열이 있기 때문에 일찍 자려고 해요.　熱があるので早く寝ようと思います。

① 배가 고프다 お腹が空いている　　간식을 먹다 おやつを食べる

② 눈이 오다 雪が降る　　지하철로 가다 地下鉄で行く

③ 친구가 놀러 오다 友達が遊びに来る　　떡볶이를 만들다 トッポギを作る

④ 현금이 없다 現金がない　　카드로 계산하다 クレジットカードで支払う

쓰기 **1** 例にならい、文を完成させましょう。

| | |
|---|---|
| 例 손님이 오시다 / 대청소하다<br>お客様が来られる / 大掃除する | ⇒ 손님이 오시기 때문에 대청소해요. |
| ① 친구가 기다리다 / 먼저 가다<br>友達が待っている / 先に帰る | ⇒ |
| ② 사랑하다 / 결혼하다<br>愛する / 結婚する | ⇒ |
| ③ 피곤하다 / 낮잠을 자다<br>疲れている / 昼寝をする | ⇒ |

쓰기 **2** 例にならい、文を完成させましょう。

| | |
|---|---|
| 例 잘 모르다 / 복습하다<br>よく分からない / 復習する | ⇒ 잘 모르기 때문에 복습하려고 해요. |
| ① 발표가 있다 / PPT 자료를 만들다<br>発表がある / プレゼン資料を作る | ⇒ |
| ② 감기에 걸렸다 / 외출하지 않다<br>風邪をひいた / 外出しない | ⇒ |
| ③ 한국어를 잘하고 싶다 / 더 공부하다<br>韓国語が上手くなりたい / もっと勉強する | ⇒ |

**Step 3** 応用会話 赤字の部分に【入れ替え練習】の語を入れてペアで話してみましょう。 🔊 2-81

① 이소미 : 다나카 씨, 이번 방학 동안에 뭐 하려고 해요?

② 다나카 : ⓐ한국에 어학연수를 가려고 해요.

③ 이소미 : 얼마 동안 가려고 해요?

④ 다나카 : 2 주일 동안 가려고 해요.

⑤ 이소미 : 졸업하면 무슨 일을 하고 싶어요?

⑥ 다나카 : ⓑ여행을 좋아하기 때문에 여행사에서 일하고 싶어요.

🔁 入れ替え練習

| ⓐ | ⓑ |
|---|---|
| 제주도에 여행을 가다<br>済州島に旅行に行く | 커피를 좋아하기 때문에 카페<br>コーヒーが好きなのでカフェ |
| 자전거로 전국 일주를 하다<br>自転車で全国一周をする | 다문화에 관심이 있기 때문에 무역 회사<br>異文化に興味があるので貿易会社 |
| 유럽에 배낭여행을 가다<br>ヨーロッパにバックパック旅行に行く | 국제문제에 관심이 있기 때문에 유엔<br>国際問題に興味があるので国連 (UN) |
| 아프리카에 가다<br>アフリカに行く | 봉사활동에 관심이 있기 때문에 NPO<br>ボランティア活動に興味があるので NPO |

**Step 4** 活動 意図・計画について、友達と話してみましょう。

봄방학에 春休みに　한국에 가서 韓国に行って　계란으로 卵で　졸업 후에 卒業後に　주말에 週末に　김치로 キムチで　만 엔으로 一万円で

例 A: ( 주말에 ) 뭐 하려고 해요 ?

B: 집안 청소하고 공원에서 운동하려고 해요.

① B:

② B:

③ B:

129

# 한복 입어 봤어요?

韓服を着てみましたか。

**基本会話** 🔊 2-82

A: 한복 입어 봤어요?

B: 아뇨, 한번 입어 보고 싶어요.

A: 한국에 가면 꼭 입어 보세요.

B: 한복 가게를 알면 소개해 주세요.

> A： 韓服を着てみましたか。
> B： いいえ、一度着てみたいです。
> A： 韓国に行ったら必ず着てみてください。
> B： 韓服屋を知っていれば紹介してください。

単語および表現

| | | | |
|---|---|---|---|
| 한복 | 韓服（韓国の伝統衣装） | 입다 | 着る |
| ー아 / 어 보다 | 〜してみる | 한번 | 一度 |
| ー(으)면 | 〜たら | 꼭 | 必ず |
| 한복 가게 | 韓服屋 | 알다 | 知る |
| 소개하다 | 紹介する | ー아 / 어 주세요 | 〜してください |

## 20-1 -아/어 보다 ～してみる（試み・経験）

「-아/어 보다」は日本語の「～してみる」と同じく「試みる」の意味である。「-아/어 보다」に「-(으)세요」をつけると試みの勧誘表現になり、「-았/었어요」をつけると過去の経験を表す表現になる。하다動詞は「-해 보다」になる。

| 「ㅏ/ㅗ」：-아 보다 | | 「ㅏ/ㅗ」以外：-어 보다 | |
|---|---|---|---|
| 가다 行く | 가 + 보다 | 마시다 飲む | 마셔 + 보다 |
| 살다 住む | 살아 + 보다 | 입다 着る | 입어 + 보다 |

(1) **試みの勧誘、アドバイス** …… 「-아/어 보세요（～してみてください）」

▶ 한번 먹어 보세요. 맛있어요.　一度食べてみてください。おいしいですよ。

▶ 오늘부터 시작해 보세요.　今日からはじめてみてください。

(2) **経験** …… 「-아/어 봤어요(?)（～してみました(か)）」

▶ 한국 소설을 읽어 봤어요?　韓国の小説を読んでみましたか。

▶ 혼자 여행을 해 봤어요?　一人旅をしてみましたか。

**연습 1** 次の動詞を例のように直してみましょう。

| 例 찾다 探す | 찾아 봐요<br>（試み） | 찾아 보세요<br>（試みの勧誘） | 찾아 봤어요<br>（経験） |
|---|---|---|---|
| ① 고백하다 告白する | | | |
| ② 마시다 飲む | | | |
| ③ 쓰다 書く | | | |

## 20-2 -아/어 주세요 ～してください（お願い・依頼）

| 「ㅏ/ㅗ」：-아 주세요 | | 「ㅏ/ㅗ」以外：-어 주세요 | |
|---|---|---|---|
| 보다 見る | 봐 + 주세요 | 보이다 見せる | 보여 + 주세요 |
| 깎다 まける | 깎아 + 주세요 | 찍다 撮る | 찍어 + 주세요 |

▶ 알려 주세요. 知らせてください。　　▶ 천천히 말해 주세요. ゆっくり話してください。

▶ 소개해 주세요. 紹介してください。　▶ 좀 가르쳐 주세요. ちょっと教えてください。

**연습 2** 次の用言に依頼の「-아/어 주세요」をつけてみましょう。

| 基本形 | -아/어 주세요 | 基本形 | -아/어 주세요 |
|---|---|---|---|
| ① 믿다 信じる | | ② 응원하다 応援する | |
| ③ 만들다 作る | | ④ 기다리다 待つ | |
| ⑤ 시키다 注文する | | ⑥ 안내하다 案内する | |

2-83

## Step 2 文型練習

말하기 1　アドバイスを表す「**-아 /어 보세요**」を使って言ってみましょう。

A: 스트레스가 많아요.　ストレスが多いです。
B: 초콜릿을 먹어 보세요.　チョコレートを食べてみてください。

① A: 돈이 없다 お金がない　B: 아르바이트를 하다 アルバイトをする
② A: 자동차 열쇠가 없다 車のカギがない　B: 잘 찾다 よく探す
③ A: 목이 아프다 喉が痛い　B: 유자차를 마시다 柚子茶を飲む
④ A: 한국어가 어렵다 韓国語が難しい　B: 열심히 연습하다 一生懸命に練習する

2-84

말하기 2　経験を表す「**-아 /어 봤어요**」を使って言ってみましょう。

A: 한국에서 뭐 해 봤어요?　韓国で何をしてみましたか。
B: 한강에서 치킨을 먹어 봤어요.　漢江でチキンを食べてみました。

① 지하철 2 호선을 타다 地下鉄 2 号線に乗る　② 막걸리를 마시다 マッコリを飲む
③ 교통카드를 쓰다 交通系 IC カードを使う　④ 물건값을 깎다 値引きをする

쓰기 1　例にならい、経験の表現「**-아 /어 봤어요 ?**」を使って文を完成させましょう。

| | |
|---|---|
| 例 동대문 맛집 / 간장게장을 먹다<br>東大門のグルメ店 / カンジャンケジャンを食べる | ⇒ 동대문 맛집에서 간장게장을 먹어 봤어요? |
| ① 인사동 / 전통차를 마시다<br>仁寺洞 / 伝統茶を飲む | ⇒ |
| ② 북촌 한옥마을 / 한복을 입다<br>北村韓屋村 / 韓服を着る | ⇒ |
| ③ 한강 / 유람선을 타다<br>漢江 / 遊覧船に乗る | ⇒ |

쓰기 2　A に続く文として、ふさわしいものを例から選び、B に「**-아 /어 주세요**」を使って書いてみましょう。

例 에어컨 좀 켜다 / 메뉴 좀 추천하다 / 우산 좀 빌리다 / 다시 한번 설명하다

| | |
|---|---|
| ① A: 잘 모르겠어요?<br>よくわかりませんか。 | B: 네, ________ |
| ② A: 한국 음식을 먹을까요?<br>韓国料理を食べましょうか。 | B: 네, ________ |
| ③ A: 밖에 비 와요?<br>外は雨が降っていますか。 | B: 네, ________ |
| ④ A: 이 방 더워요?<br>この部屋、暑いですか。 | B: 네, ________ |

**Step 3** [応用会話] 赤字の部分に【入れ替え練習】の語を入れてペアで話してみましょう。 🔊 2-85

① 하늘: 유카 씨는 ⓐ삼계탕 먹어 봤어요?

② 유카: 아뇨, 안 먹어 봤어요.

③ 하늘: ⓑ여름에 많이 먹어요. 한번 먹어 보세요.

④ 유카: 네, 그럼 하늘 씨가 시켜 주세요.

⑤ 하늘: 여기요, ⓐ삼계탕 두 개 주세요. 맛있게 해 주세요.

⑥ 종업원: 네, 잠시만 기다려 주세요.

🔄 入れ替え練習

| ⓐ | ⓑ |
|---|---|
| 전복죽 アワビのお粥 | 제주도 명물이다 済州島の名物だ |
| 미역국 わかめスープ | 생일에 많이 먹다 誕生日によく食べる |
| 떡국 トックク(雑煮) | 설날에 먹다 お正月に食べる |
| 팥빙수 かき氷 | 여름에 많이 먹다 夏によく食べる |

**Step 4** [活動] 特別な経験をしたことがありますか。
下線のところにふさわしい言葉を書いた後、友達に聞いてみましょう。

| 質問 | ( )씨 | ( )씨 | ( )씨 |
|---|---|---|---|
| 例 규슈 신칸센을 타 봤어요? | | | |
| ① [場所] _____ 가 봤어요? | | | |
| ② [食べ物] _____ 먹어 봤어요? | | | |
| ③ [飲み物] _____ 마셔 봤어요? | | | |
| ④ [人物] _____ 만나 봤어요? | | | |
| ⑤ [習い事] _____ 배워 봤어요 | | | |
| 自由質問 | | | |

## 第１課

① ハヌル： こんにちは。
　　　　　私の名前はキムハヌルです。
② ゆか： こんにちは。私は森ゆかです。
③ ハヌル： ゆかさん、どこの国の人ですか。
④ ゆか： 私は日本人です。
⑤ ハヌル： お会いできて嬉しいです。
⑥ ゆか： はい、お会いできて嬉しいです。

## 第２課

① イソミ： 田中さんは大学生ですか。
② 田中： はい、私は大学生です。
③ イソミ： 私は韓国のアイドル歌手です。
④ 田中： 本当ですか。有名ですか。
⑤ イソミ： 少し有名です。

## 第３課

① ゆか： ハヌルさんの部屋には何がありますか。
② ハヌル： 机、いす、そして世界地図があります。
③ ゆか： テレビはありませんか。
④ ハヌル： はい、ありません。
⑤ ゆか： テレビはどこにありますか。
⑥ ハヌル： リビングにあります。

## 第４課

① ハヌル： それは何ですか。
② ゆか： これはサングラスです。
③ ハヌル： 誰のものですか。
④ ゆか： 私のです。
⑤ ハヌル： わぁ！素敵ですね。
　　　　　私も一つ買いたいです。
⑥ ゆか： 一度かけてみて下さい。

## 第５課

① ゆか： ここが銀行ですか。
② ハヌル： ここは銀行ではありません。
　　　　　銀行はあの建物の中にあります。
③ ゆか： 建物の中に食堂はありますか。
④ ハヌル： はい、あります。
⑤ ゆか： その食堂はどうですか。
⑥ ハヌル： 最高です。人気があります。

## 第６課

① ゆか： おじさん、ホットクはいくらですか。
② おじさん： １つ1500ウォンです。
③ ゆか： チーズホットドッグは１ついくらですか。
④ おじさん：3000ウォンです。
⑤ ゆか： ホットク４つとチーズホットドッグ
　　　　　２つ下さい。
⑥ おじさん： はい、ありがとうございます。

## 第７課

① ハヌル： 週末に普段何をしますか。
② ゆか： バイトをします。
③ ハヌル： そうですか。何のバイトをしますか。
④ ゆか： カフェで働いています。
　　　　　ハヌルさんは週末に何をしますか。
⑤ ハヌル： 運動をします。私は運動が好きです。
⑥ ゆか： 何の運動が好きですか。
⑦ ハヌル： テニスが好きです。
　　　　　今度一緒にしましょう。

## 第８課

① ハヌル： 先生、土曜日、忙しいですか。
② 先生： 土曜日は登山に行きます。
③ ハヌル： 日曜日は家で休みますか。
④ 先生： 日曜日は公園でジョギングをします。
　　　　　料理も作ります。ハヌルさんは。
⑤ ハヌル： 私は週末、自動車学校に通っています。
　　　　　そして、レポートも書きます。

## 第９課

① みさき： 私は今度の休みに韓国へ行きます。
② スチョル：わぁ！いいなあ。いつ行きますか。
③ みさき： ８月20日から８月22日まで
　　　　　２泊３日で行きます。
④ スチョル：韓国のどこに行きますか。
⑤ みさき： 明洞に行きます。スチョルさん、
　　　　　明洞は何が有名ですか。
⑥ スチョル：化粧品のお店が多いです。
⑦ みさき： あ、そうですか。ありがとうございます。

## 第10課

① ハヌル： 最近、忙しいですか。
② ゆか： はい、忙しいです。月曜日と木曜日に韓国語
　　　　　を勉強しています。
③ ハヌル： 韓国語はどうですか。
④ ゆか： 少し難しいです。だけど、中国語よりは簡単
　　　　　です。
⑤ ハヌル： 頑張って下さい。

## 第11課

①ゆか： このスカートどうですか。
　　　　少し短くありませんか。
②スチョル：いいえ、大丈夫です。よく似合ってますよ。
　　　　そんな感じの服はどこで買いますか。
③ゆか： だいたい東大門市場で買います。
④スチョル：高くないですか。
⑤ゆか： はい、デパートより安いです。

## 第12課

①イソミ： 田中さん、お久しぶりです。
②田中： あ、ソミさん、お元気ですか。
　　　　私は先週、韓国から帰って来ました。
③イソミ： 語学研修はどうでしたか。
④田中： 授業が大変でした。
　　　　だけど、良かったです。
⑤イソミ： 何がそんなに良かったんですか。
⑥田中： 料理が本当に美味しかったんです。

## 第13課

①ゆか： この帽子、どうですか。
②スチョル：わぁ、素敵です。でも、
　　　　高くありませんか。
③ゆか： 少し高いけど、ぜひ買いたいです。
④スチョル：私がプレゼントしましょうか。
　　　　誕生日はいつですか。
⑤ゆか： 今日です。
⑥スチョル：冗談でしょう!?

## 第14課

①あやか： 今度の冬、一緒に旅行に行きませんか。
②チミン： はい、いいですね。一緒に行きましょう。
③あやか： 海外へ行きましょうか。国内へ行きましょうか。
④チミン： 私は国内へ行きたいです。
⑤あやか： そうですか。九州はどうですか。
⑥チミン： 九州、いいですね。温泉にも入って、
　　　　美味しいものも食べましょう。

## 第15課

①医者： こちらへお座り下さい。
　　　　どこか具合でも悪いですか。
②ゆか： 昨日から喉が痛くて、熱があります。
③医者： ではちょっと診てみましょう。
　　　　（診察後）
　　　　風邪ですね。
④ゆか： あ、それから、お腹も痛いです。
⑤医者： 最近流行りの風邪ですね。
　　　　無理しないでください。

## 第16課

①田中： 夏休みにソウルでホームステイをするつもりです。
②イソミ： 本当ですか。韓国料理は大丈夫ですか。
③田中： はい、特にキムチが好きです。
④イソミ： 韓国は家ごとにキムチの味が違うと思いますよ。
⑤田中： 楽しみです。早く韓国へ行きたいです。
⑥イソミ： 田中さん、夏休みはまだ先ですよ。

## 第17課

①あやか： 趣味は何ですか。
②スチョル：最近テコンドーを習っています。
③あやか： どこで習っていますか。
④スチョル：テコンドー教室で習っています。
　　　　あやかさんはテコンドーできますか。
⑤あやか： いいえ、できません。
　　　　だけど、習いたいです。

## 第18課

①田中： 韓国の会社に就職しました。
②先生： おめでとうございます。よかったですね。
③田中： はい、とても嬉しいです。お祝いパーティーをしたら、来ていただけますか。
④先生： はい、行きたいです。いつしますか。
⑤田中： 来週の土曜日です。先生がいらっしゃるとみんな喜ぶと思います。
⑥先生： ぜひ行こうと思います。

## 第19課

①イソミ： 田中さん、今度の休みの間に何をするつもりですか。
②田中： 韓国へ語学研修に行こうと思います。
③イソミ： どのくらい行くつもりですか。
④田中： 2週間行こうと思います。
⑤イソミ： 卒業したら何の仕事をしたいですか。
⑥田中： 旅行が好きなので旅行会社で働きたいです。

## 第20課

①ハヌル： ゆかさん、サムゲタン食べたことありますか。
②ゆか： いいえ、食べたことないです。
③ハヌル： 夏によく食べます。
　　　　一度食べてみてください。
④ゆか： はい、では、ハヌルさんが注文して下さい。
⑤ハヌル： すみません、サムゲタン2つ下さい。おいしく作って下さい。
⑥店員： はい、少々お待ちください。

## **1** 有声音化

「ㄱ，ㄷ，ㅂ，ㅈ」は、語頭では [k] [t] [p] [tʃ]、母音と母音の間では [g] [d] [b] [dʒ] で発音する。

고기 肉　　[ko-ki] → [kogi]　　구두 靴　　　[ku-tu] → [kudu]

두부 豆腐 [tu-pu] → [tubu]　　부자 金持ち [pu-tʃa] → [pudʒa]

## **2** 連音化

　パッチムの直後の初声に「ㅇ」が続くと、そのパッチムは「ㅇ」のところに移動して発音する。ただし、パッチムが「ㅇ」の場合は、直後に初声「ㅇ」が続いても連音しない。二重パッチムは、右側の子音だけを次の初声「ㅇ」のところに移動させて発音する。

국어[구거] 国語　　　　　　　밖에[바께] 外に

영어[영어] 英語　　　　　　　젊은이[절므니] 若者

## **3** 濃音化

　パッチム [ᵏ] [ᵖ] [ᵗ] 類の直後に初声「ㄱ，ㄷ，ㅂ，ㅅ，ㅈ」が続くと、初声を濃音「ㄲ，ㄸ，ㅃ，ㅆ，ㅉ」に変えて発音する。

약속[약쏙] 約束　　　　　　　입다[입따] 着る

갑자기[갑짜기] 急に　　　　　숟가락[숟까락] スプーン

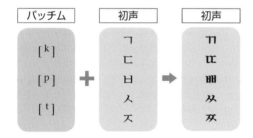

## **4** 激音化

　パッチム「ㄱ，ㄷ，ㅂ，ㅈ」の直後に初声「ㅎ」が続くと、初声を激音「ㅋ，ㅌ，ㅍ，ㅊ」に変えて発音する。また、パッチム「ㅎ(ㄶ，ㅀ)」の直後に初声「ㄱ，ㄷ，ㅂ，ㅈ」が続いても、初声を激音「ㅋ，ㅌ，ㅍ，ㅊ」に変えて発音する。

축하[추카] 祝賀　　　　　　　좋고[조코] 良くて

입학[이팍] 入学　　　　　　　노랗다[노라타] 黄色い

못해요[모태요] 出来ません　　많고[만코] 多くて

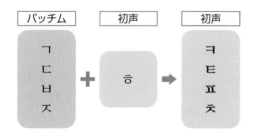 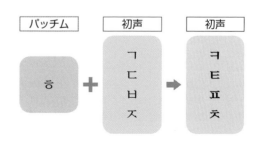

## 5 鼻音化

パッチム [ᵏ] [ᵖ] [ᵗ] 類の直後に鼻音の初声「ㄴ, ㅁ」が続くと、パッチム「ㄱ [ᵏ] → ㅇ [ŋ]、ㅂ [ᵖ] → ㅁ [m]、ㄷ [ᵗ] → ㄴ [n]」のように変えて発音する。

한국말[한궁말] 韓国語          입니다[임니다] です

십만[심만] 十万              옛날[옌날] 昔

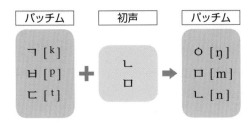

## 6 流音化

パッチム「ㄴ」の直後に初声「ㄹ」が続く場合と、パッチム「ㄹ」の直後に初声「ㄴ」が続く場合は、どちらも「ㄴ」は「ㄹ」で発音する。

한류[할류] 韓流              연락[열락] 連絡

설날[설랄] 元旦              일년[일련] 一年

## 7 「ㅎ」の弱化

パッチム「ㅎ」の直後に初声「ㅇ」が続くと、パッチム「ㅎ」は発音しない。また、パッチム「ㄴ, ㅁ, ㅇ, ㄹ」の直後に初声「ㅎ」が続くと、パッチム「ㄴ, ㅁ, ㅇ, ㄹ」は初声「ㅎ」のところに移動して発音する。

좋아요[조아요] いいです        많아요[마나요] 多いです

미안해요[미아내요] ごめんなさい    결혼[겨론] 結婚

## 8 「ㄴ」挿入

2つの単語が結びつくとき、前の単語がパッチムで終わり、後ろの単語が「이, 야, 여, 요, 유」で始まると、「ㄴ」音が挿入され、「니, 냐, 녀, 뇨, 뉴」で発音する。

일본요리[일본뇨리] 日本料理      다음 역[다음녁] 次の駅

집안일[지반닐] 家事           무슨 요일[무슨뇨일] 何曜日

## 9 口蓋音化

パッチム「ㄷ, ㅌ」の直後に「이, 히」が続くと、「디, 티」ではなく、「지, 치」と発音する。

굳이[구지] あえて            같이[가치] 一緒に

끝이[끄치] 終わりが          닫히다[다치다] 閉まる

| | 基本形 | | 現在 | 過去 | 提案 | 尊敬・命令 |
|---|---|---|---|---|---|---|
| | | | -ㅂ / 습니다 | -아 / 어요 | -았 / 었어요 | -(으)ㄹ까요? | -(으)세요 |
| 子音語幹 | 받다 | 受け取る | 받습니다 | 받아요 | 받았어요 | 받을까요? | 받으세요 |
| | 작다 | 小さい | 작습니다 | 작아요 | 작았어요 | 작을까요? | 작으세요 |
| | 앉다 | 座る | 앉습니다 | 앉아요 | 앉았어요 | 앉을까요? | 앉으세요 |
| | 괜찮다 | 大丈夫だ | 괜찮습니다 | 괜찮아요 | 괜찮았어요 | 괜찮을까요? | 괜찮으세요 |
| | 좁다 | 狭い | 좁습니다 | 좁아요 | 좁았아요 | 좁을까요? | 좁으세요 |
| | 읽다 | 読む | 읽습니다 | 읽어요 | 읽었어요 | 읽을까요? | 읽으세요 |
| | 입다 | 着る | 입습니다 | 입어요 | 입었어요 | 입을까요? | 입으세요 |
| | 먹다 | 食べる | 먹습니다 | 먹어요 | 먹었어요 | 먹을까요? | 드세요 |
| | 맛있다 | 美味しい | 맛있습니다 | 맛있어요 | 맛있었어요 | 맛있을까요? | 맛있으세요 |
| | 웃다 | 笑う | 웃습니다 | 웃어요 | 웃었어요 | 웃을까요? | 웃으세요 |
| ㄹ語幹 | 알다 | 知る、分かる | 압니다 | 알아요 | 알았어요 | 알까요? | 아세요 |
| | 살다 | 住む | 삽니다 | 살아요 | 살았어요 | 살까요? | 사세요 |
| | 놀다 | 遊ぶ | 놉니다 | 놀아요 | 놀았어요 | 놀까요? | 노세요 |
| | 만들다 | 作る | 만듭니다 | 만들어요 | 만들었어요 | 만들까요? | 만드세요 |
| | 멀다 | 遠い | 멉니다 | 멀어요 | 멀었어요 | 멀까요? | 머세요 |
| 母音語幹 | 오다 | 来る | 옵니다 | 와요 | 왔어요 | 올까요? | 오세요 |
| | 보다 | 見る | 봅니다 | 봐요 | 봤어요 | 볼까요? | 보세요 |
| | 나오다 | 出る | 나옵니다 | 나와요 | 나왔어요 | 나올까요? | 나오세요 |
| | 배우다 | 習う | 배웁니다 | 배워요 | 배웠어요 | 배울까요? | 배우세요 |
| | 주다 | あげる | 줍니다 | 줘요 | 줬어요 | 줄까요? | 주세요 |
| | 기다리다 | 待つ | 기다립니다 | 기다려요 | 기다렸어요 | 기다릴까요? | 기다리세요 |
| | 걸리다 | かかる | 걸립니다 | 걸려요 | 걸렸어요 | 걸릴까요? | 걸리세요 |
| | 되다 | なる | 됩니다 | 돼요 | 됐어요 | 될까요? | 되세요 |
| | 쉬다 | 休む | 쉽니다 | 쉬어요 | 쉬었어요 | 쉴까요? | 쉬세요 |
| ㅂ語幹 | 덥다 | 暑い | 덥습니다 | 더워요 | 더웠어요 | 더울까요? | 더우세요 |
| | 쉽다 | 易しい | 쉽습니다 | 쉬워요 | 쉬웠어요 | 쉬울까요? | 쉬우세요 |
| | 귀엽다 | 可愛い | 귀엽습니다 | 귀여워요 | 귀여웠어요 | 귀여울까요? | 귀여우세요 |
| 으語幹 | 바쁘다 | 忙しい | 바쁩니다 | 바빠요 | 바빴어요 | 바쁠까요? | 바쁘세요 |
| | 고프다 | お腹が空く | 고픕니다 | 고파요 | 고팠어요 | 고플까요? | 고프세요 |
| | 기쁘다 | 嬉しい | 기쁩니다 | 기뻐요 | 기뻤어요 | 기쁠까요? | 기쁘세요 |
| | 슬프다 | 悲しい | 슬픕니다 | 슬퍼요 | 슬펐어요 | 슬플까요? | 슬프세요 |
| 하다 | 하다 | する | 합니다 | 해요 | 했어요 | 할까요? | 하세요 |
| | 공부하다 | 勉強する | 공부합니다 | 공부해요 | 공부했어요 | 공부할까요? | 공부하세요 |
| | 사랑하다 | 愛する | 사랑합니다 | 사랑해요 | 사랑했어요 | 사랑할까요? | 사랑하세요 |
| | 유명하다 | 有名だ | 유명합니다 | 유명해요 | 유명했어요 | 유명할까요? | 유명하세요 |
| | 좋아하다 | 好きだ | 좋아합니다 | 좋아해요 | 좋아했어요 | 좋아할까요? | 좋아하세요 |

| | 基本形 | | 仮定・条件<br>-(으)면 | 意図<br>-(으)려고 해요 | 可能<br>-(으)ㄹ 수 있다 | 命令<br>-아/어 주세요 |
|---|---|---|---|---|---|---|
| 子音語幹 | 받다 | 受け取る | 받으면 | 받으려고 해요 | 받을 수 있다 | 받아 주세요 |
| | 작다 | 小さい | 작으면 | – | – | – |
| | 앉다 | 座る | 앉으면 | 앉으려고 해요 | 앉을 수 있다 | 앉아 주세요 |
| | 괜찮다 | 大丈夫だ | 괜찮으면 | – | – | – |
| | 좁다 | 狭い | 좁으면 | – | – | – |
| | 읽다 | 読む | 읽으면 | 읽으려고 해요 | 읽을 수 있다 | 읽어 주세요 |
| | 입다 | 着る | 입으면 | 입으려고 해요 | 입을 수 있다 | 입어 주세요 |
| | 먹다 | 食べる | 먹으면 | 먹으려고 해요 | 먹을 수 있다 | 먹어 주세요 |
| | 맛있다 | 美味しい | 맛있으면 | – | – | – |
| | 웃다 | 笑う | 웃으면 | 웃으려고 해요 | 웃을 수 있다 | 웃어 주세요 |
| ㄹ語幹 | 알다 | 知る、分かる | 알면 | 알려고 해요 | 알 수 있다 | 알아 주세요 |
| | 살다 | 住む | 살면 | 살려고 해요 | 살 수 있다 | 살아 주세요 |
| | 놀다 | 遊ぶ | 놀면 | 놀려고 해요 | 놀 수 있다 | 놀아 주세요 |
| | 만들다 | 作る | 만들면 | 만들려고 해요 | 만들 수 있다 | 만들어 주세요 |
| | 멀다 | 遠い | 멀면 | – | – | – |
| 母音語幹 | 오다 | 来る | 오면 | 오려고 해요 | 올 수 있다 | 와 주세요 |
| | 보다 | 見る | 보면 | 보려고 해요 | 볼 수 있다 | 봐 주세요 |
| | 나오다 | 出る | 나오면 | 나오려고 해요 | 나올 수 있다 | 나와 주세요 |
| | 배우다 | 習う | 배우면 | 배우려고 해요 | 배울 수 있다 | – |
| | 주다 | あげる | 주면 | 주려고 해요 | 줄 수 있다 | – |
| | 기다리다 | 待つ | 기다리면 | 기다리려고 해요 | 기다릴 수 있다 | 기다려 주세요 |
| | 걸리다 | かかる | 걸리면 | – | 걸릴 수 있다 | – |
| | 되다 | なる | 되면 | 되려고 해요 | 될 수 있다 | 돼 주세요 |
| | 쉬다 | 休む | 쉬면 | 쉬려고 해요 | 쉴 수 있다 | 쉬어 주세요 |
| ㅂ語幹 | 덥다 | 暑い | 더우면 | – | – | – |
| | 쉽다 | 易しい | 쉬우면 | – | – | – |
| | 귀엽다 | 可愛い | 귀여우면 | – | – | – |
| 으語幹 | 바쁘다 | 忙しい | 바쁘면 | – | – | – |
| | 고프다 | お腹が空く | 고프면 | – | – | – |
| | 기쁘다 | 嬉しい | 기쁘면 | – | – | – |
| | 슬프다 | 悲しい | 슬프면 | – | – | – |
| 하다 | 하다 | する | 하면 | 하려고 해요 | 할 수 있다 | 해 주세요 |
| | 공부하다 | 勉強する | 공부하면 | 공부하려고 해요 | 공부할 수 있다 | 공부해 주세요 |
| | 사랑하다 | 愛する | 사랑하면 | 사랑하려고 해요 | 사랑할 수 있다 | 사랑해 주세요 |
| | 유명하다 | 有名だ | 유명하면 | – | – | – |
| | 좋아하다 | 好きだ | 좋아하면 | 좋아하려고 해요 | 좋아할 수 있다 | 좋아해 주세요 |

| | 助詞 | パッチム | 例文 | |
|---|---|---|---|---|
| ～は | 는 | 無 | 저는 일본사람이에요. | 私は日本人です。 |
| | 은 | 有 | 선생님은 한국사람이에요. | 先生は韓国人です。 |
| ～が | 가 | 無 | 고양이가 있어요. | 猫がいます。 |
| | 이 | 有 | 약속이 있어요. | 約束があります。 |
| ～を | 를 | 無 | 청소를 해요. | 掃除をします。 |
| | 을 | 有 | 점심을 먹어요. | 昼ご飯を食べます。 |
| ～と | 와 | 無 | 친구와 영화를 봤어요. | 友達と映画を見ました。 |
| | 과 | 有 | 비빔밥과 잡채를 먹었어요. | ビビンバとチャプチェを食べました。 |
| | 하고<br>(話しことば) | － | 친구하고 / 비빔밥하고 | 友達と／ビビンバと |
| ～で<br>(手段) | 로 | 無 | 버스로 가요. | バスで行きます。 |
| | | ㄹ | 지하철로 와요. | 地下鉄で来ます。 |
| | 으로 | 有 | 젓가락으로 먹어요. | 箸で食べます。 |
| ～の | 의 | － | 언니의 안경이에요. | 姉のメガネです。 |
| ～も | 도 | － | 친구도 일본 사람이에요. | 友達も日本人です。 |
| ～に<br>(時間・場所) | 에 | － | PC방에 있어요. | ネットカフェにいます。 |
| ～に<br>(人) | 에게 | － | 누나에게 선물을 보내요. | 姉にプレゼントを贈ります。 |
| | 한테<br>(話しことば) | － | 친구한테 전화를 해요. | 友達に電話をかけます。 |
| ～で<br>(場所) | 에서 | － | 노래방에서 노래를 해요. | カラオケ店で歌を歌います。 |
| ～から<br>(場所) | 에서 | － | 일본에서 왔어요. | 日本から来ました。 |
| ～から<br>(時間) | 부터 | － | 1시부터 시작해요. | 1時から始まります。 |
| ～まで | 까지 | － | 학교까지 얼마나 걸려요? | 学校からどのぐらいかかりますか。 |
| ～より | 보다 | － | 하와이보다 더워요. | ハワイより暑いです。 |

## 子音＋基本母音

| 母音 / 子音 | ㅏ [a] | ㅑ [ja] | ㅓ [ə] | ㅕ [jə] | ㅗ [o] | ㅛ [jo] | ㅜ [u] | ㅠ [ju] | ㅡ [ɯ] | ㅣ [i] |
|---|---|---|---|---|---|---|---|---|---|---|
| ㄱ [k/g] | 가 ka | 갸 kja | 거 kə | 겨 kjə | 고 ko | 교 kjo | 구 ku | 규 kju | 그 kɯ | 기 ki |
| ㄴ [n] | 나 na | 냐 nja | 너 nə | 녀 njə | 노 no | 뇨 njo | 누 nu | 뉴 nju | 느 nɯ | 니 ni |
| ㄷ [t/d] | 다 ta | 댜 tja | 더 tə | 뎌 tjə | 도 to | 됴 tjo | 두 tu | 듀 tju | 드 tɯ | 디 ti |
| ㄹ [r, l] | 라 ra | 랴 rja | 러 rə | 려 rjə | 로 ro | 료 rjo | 루 ru | 류 rju | 르 rɯ | 리 ri |
| ㅁ [m] | 마 ma | 먀 mja | 머 mə | 며 mjə | 모 mo | 묘 mjo | 무 mu | 뮤 mju | 므 mɯ | 미 mi |
| ㅂ [p/b] | 바 pa | 뱌 pja | 버 pə | 벼 pjə | 보 po | 뵤 pjo | 부 pu | 뷰 pju | 브 pɯ | 비 pi |
| ㅅ [s/ʃ] | 사 sa | 샤 sja | 서 sə | 셔 sjə | 소 so | 쇼 sjo | 수 su | 슈 sju | 스 sɯ | 시 ʃi |
| ㅇ [ø, ŋ] | 아 a | 야 ja | 어 ə | 여 jə | 오 o | 요 jo | 우 u | 유 ju | 으 ɯ | 이 i |
| ㅈ [tʃ/dʒ] | 자 tʃa | 쟈 tʃja | 저 tʃə | 져 tʃjə | 조 tʃo | 죠 tʃjo | 주 tʃu | 쥬 tʃju | 즈 tʃɯ | 지 tʃi |
| ㅊ [tʃʰ] | 차 tʃʰa | 챠 tʃʰja | 처 tʃʰə | 쳐 tʃʰjə | 초 tʃʰo | 쵸 tʃʰjo | 추 tʃʰu | 츄 tʃʰju | 츠 tʃʰɯ | 치 tʃʰi |
| ㅋ [kʰ] | 카 kʰa | 캬 kʰja | 커 kʰə | 켜 kʰjə | 코 kʰo | 쿄 kʰjo | 쿠 kʰu | 큐 kʰju | 크 kʰɯ | 키 kʰi |
| ㅌ [tʰ] | 타 tʰa | 탸 tʰja | 터 tʰə | 텨 tʰjə | 토 tʰo | 툐 tʰjo | 투 tʰu | 튜 tʰju | 트 tʰɯ | 티 tʰi |
| ㅍ [pʰ] | 파 pʰa | 퍄 pʰja | 퍼 pʰə | 펴 pʰjə | 포 pʰo | 표 pʰjo | 푸 pʰu | 퓨 pʰju | 프 pʰɯ | 피 pʰi |
| ㅎ [h] | 하 ha | 햐 hja | 허 hə | 혀 hjə | 호 ho | 효 hjo | 후 hu | 휴 hju | 흐 hɯ | 히 hi |
| ㄲ [ʔk] | 까 ʔka | 꺄 ʔkja | 꺼 ʔkə | 껴 ʔkjə | 꼬 ʔko | 꾜 ʔkjo | 꾸 ʔku | 뀨 ʔkju | 끄 ʔkɯ | 끼 ʔki |
| ㄸ [ʔt] | 따 ʔta | 땨 ʔtja | 떠 ʔtə | 뗘 ʔtjə | 또 ʔto | 뚀 ʔtjo | 뚜 ʔtu | 뜌 ʔtju | 뜨 ʔtɯ | 띠 ʔti |
| ㅃ [ʔp] | 빠 ʔpa | 뺘 ʔpja | 뻐 ʔpə | 뼈 ʔpjə | 뽀 ʔpo | 뾰 ʔpjo | 뿌 ʔpu | 쀼 ʔpju | 쁘 ʔpɯ | 삐 ʔpi |
| ㅆ [ʔs] | 싸 ʔsa | 쌰 ʔsja | 써 ʔsə | 쎠 ʔsjə | 쏘 ʔso | 쑈 ʔsjo | 쑤 ʔsu | 쓔 ʔsju | 쓰 ʔsɯ | 씨 ʔʃi |
| ㅉ [ʔtʃ] | 짜 ʔtʃa | 쨔 ʔtʃja | 쩌 ʔtʃə | 쪄 ʔtʃjə | 쪼 ʔtʃo | 쬬 ʔtʃjo | 쭈 ʔtʃu | 쮸 ʔtʃju | 쯔 ʔtʃɯ | 찌 ʔtʃi |

# 子音＋合成母音

| 母音 / 子音 | ㅐ [ɛ] | ㅒ [jɛ] | ㅔ [e] | ㅖ [je] | ㅘ [wa] | ㅙ [wɛ] | ㅚ [we] | ㅝ [wə] | ㅞ [we] | ㅟ [wi] | ㅢ [ɰi] |
|---|---|---|---|---|---|---|---|---|---|---|---|
| ㄱ [k/g] | 개 kɛ | 걔 kjɛ | 게 ke | 계 kje | 과 kwa | 괘 kwɛ | 괴 kwe | 궈 kwə | 궤 kwe | 귀 kwi | 긔 kɰi |
| ㄴ [n] | 내 nɛ | 냬 njɛ | 네 ne | 녜 nje | 놔 nwa | 놰 nwɛ | 뇌 nwe | 눠 nwə | 눼 nwe | 뉘 nwi | 늬 nɰi |
| ㄷ [t/d] | 대 tɛ | 댸 tjɛ | 데 te | 뎨 tje | 돠 twa | 돼 twɛ | 되 twe | 둬 twə | 뒈 twe | 뒤 twi | 듸 tɰi |
| ㄹ [r, l] | 래 rɛ | 럐 rjɛ | 레 re | 례 rje | 롸 rwa | 뢔 rwɛ | 뢰 rwe | 뤄 rwə | 뤠 rwe | 뤼 rwi | 릐 rɰi |
| ㅁ [m] | 매 mɛ | 먜 mjɛ | 메 me | 몌 mje | 뫄 mwa | 뫠 mwɛ | 뫼 mwe | 뭐 mwə | 뭬 mwe | 뮈 mwi | 믜 mɰi |
| ㅂ [p/b] | 배 pɛ | 뱨 pjɛ | 베 pe | 볘 pje | 봐 pwa | 봬 pwɛ | 뵈 pwe | 붜 pwə | 붸 pwe | 뷔 pwi | 븨 pɰi |
| ㅅ [s/ʃ] | 새 sɛ | 섀 sjɛ | 세 se | 셰 sje | 솨 swa | 쇄 swɛ | 쇠 swe | 쉬 swə | 쉐 swe | 쉬 swi | 싀 sɰi |
| ㅇ [ø, ŋ] | 애 ɛ | 얘 jɛ | 에 e | 예 je | 와 wa | 왜 wɛ | 외 we | 워 wə | 웨 we | 위 wi | 의 ɰi |
| ㅈ [tʃ/dʒ] | 재 tʃɛ | 쟤 tʃjɛ | 제 tʃe | 제 tʃje | 좌 tʃwa | 좨 tʃwɛ | 죄 tʃwe | 줘 tʃwə | 줴 tʃwe | 쥐 tʃwi | 즤 tʃɰi |
| ㅊ [tʃʰ] | 채 tʃʰɛ | 챼 tʃʰjɛ | 체 tʃʰe | 쳬 tʃʰje | 촤 tʃʰwa | 쵀 tʃʰwɛ | 최 tʃʰwe | 춰 tʃʰwə | 췌 tʃʰwe | 취 tʃʰwi | 츼 tʃʰɰi |
| ㅋ [kʰ] | 캐 kʰɛ | 컈 kʰjɛ | 케 kʰe | 켸 kʰje | 콰 kʰwa | 쾌 kʰwɛ | 쾨 kʰwe | 쿼 kʰwə | 퀘 kʰwe | 퀴 kʰwi | 킈 kʰɰi |
| ㅌ [tʰ] | 태 tʰɛ | 턔 tʰjɛ | 테 tʰe | 톄 tʰje | 톼 tʰwa | 퇘 tʰwɛ | 퇴 tʰwe | 퉈 tʰwə | 퉤 tʰwe | 튀 tʰwi | 틔 tʰɰi |
| ㅍ [pʰ] | 패 pʰɛ | 퍠 pʰjɛ | 페 pʰe | 폐 pʰje | 퐈 pʰwa | 퐤 pʰwɛ | 푀 pʰwe | 풔 pʰwə | 풰 pʰwe | 퓌 pʰwi | 픠 pʰɰi |
| ㅎ [h] | 해 hɛ | 햬 hjɛ | 헤 he | 혜 hje | 화 hwa | 홰 hwɛ | 회 hwe | 훠 hwə | 훼 hwe | 휘 hwi | 희 hɰi |

**辞書のハングルの配列**

・子音の配列：辞書の見出しは次の子音の順に並んでいる。

> ㄱ ㄲ ㄴ ㄷ ㄸ ㄹ ㅁ ㅂ ㅃ ㅅ ㅆ ㅇ ㅈ ㅉ ㅊ ㅋ ㅌ ㅍ ㅎ

・母音の配列：それぞれの子音の間では次の母音の順で並んでいる。

> ㅏ ㅐ ㅑ ㅒ ㅓ ㅔ ㅕ ㅖ ㅗ ㅘ ㅙ ㅚ ㅛ ㅜ ㅝ ㅞ ㅟ ㅠ ㅡ ㅢ ㅣ

| | |
|---|---|
| **数　字** | |
| 일 | 1 |
| 이 | 2 |
| 삼 | 3 |
| 사 | 4 |
| 오 | 5 |
| 육 | 6 |
| 칠 | 7 |
| 팔 | 8 |
| 구 | 9 |
| 십 | 10 |
| 하나 (한) | 1つ |
| 둘 (두) | 2つ |
| 셋 (세) | 3つ |
| 넷 (네) | 4つ |
| 다섯 | 5つ |
| 여섯 | 6つ |
| 일곱 | 7つ |
| 여덟 | 8つ |
| 아홉 | 9つ |
| 열 | 10 |
| 스물 (스무) | 20 |
| 서른 | 30 |
| 마흔 | 40 |
| 쉰 | 50 |
| 예순 | 60 |
| 일흔 | 70 |
| 여든 | 80 |
| 아흔 | 90 |
| 백 | 100 |
| 천 | 千 |
| 만 | 万 |
| 억 | 億 |
| **ＡＢＣ…** | |
| NPO | NPO |
| PC방 | ネットカフェ |
| PPT 자료 | プレゼン資料 |
| **ㄱ** | |
| -가 / 이 | ～が |
| -가 / 이 되다 | ～になる |
| -가 / 이 뭐예요 ? | ～は何ですか |
| -가 / 이 아니에요 | ～ではありません |
| 가게 | 店 |
| 가게를 내다 | お店を開く |
| 가구 | 家具 |
| 가끔 | たまに |
| 가다 | 行く |
| 가방 | カバン |

| | |
|---|---|
| 가볍다 | 軽い |
| 가수 | 歌手 |
| 가슴 | 胸 |
| 가습기 | 加湿器 |
| 가위 | ハサミ |
| 가을 | 秋 |
| 가족 | 家族 |
| 가짜 | 偽物 |
| 간단하다 | 簡単だ |
| 간식 | おやつ、間食 |
| 간장게장 | カンジャンケジャン（カニのしょうゆ漬け） |
| 간호사 | 看護師 |
| 갈비 | カルビ |
| 갈비탕 | カルビタン（カルビスープ） |
| 감기 | 風邪 |
| 값 | 値段、価格 |
| 강남 | 江南(地名) |
| 강아지 | 子犬 |
| 같이 | 一緒に |
| 개 | 犬 |
| -개 | ～個 |
| 개그맨 | お笑い芸人 |
| 거기 | そこ |
| 거실 | リビングルーム |
| 거의 | ほとんど |
| 걱정이 되다 | 心配になる |
| 걱정이다 | 心配だ |
| 건강하다 | 健康だ |
| 건너다 | 渡る |
| 건물 | 建物 |
| 걷다 | 歩く |
| 걸다 | かける |
| 걸리다 | かかる |
| 검도 | 剣道 |
| 검정색 | 黒色 |
| -것 | ～もの、こと、の |
| 게 | カニ |
| 게임 | ゲーム |
| 게임하기 | ゲームをすること |
| -겠다 | ～するつもりだ、するだろう、しそうだ |
| 겨울 | 冬 |
| 결혼하다 | 結婚する |
| 경복궁 | 景福宮 |
| 경치 | 景色 |
| 계란 | 卵、鶏卵 |

| | |
|---|---|
| 계산하다 | 支払う、計算する |
| 계시다 | いらっしゃる |
| 계절 | 季節 |
| 계획 | 計画 |
| -고 | ～して、くて |
| -고 싶다 | ～したい |
| -고 있다 | ～ている |
| 고구마 | サツマイモ |
| 고기 | 肉 |
| 고맙다 | ありがたい |
| 고모 | おば（父方） |
| 고백하다 | 告白する |
| 고양이 | 猫 |
| 고추 | 唐辛子 |
| 고프다 | （お腹が）空く |
| 고향 | 故郷 |
| 곧 | すぐ |
| 골고루 | バランスよく、均等に |
| 곰 | 熊 |
| 곱다 | 美しい |
| 공기청정기 | 空気清浄機 |
| 공무원 | 公務員 |
| 공부 | 勉強 |
| 공원 | 公園 |
| -과 | ～課 |
| -과 / 와 | ～と |
| 과자 | お菓子 |
| 과제 | 課題 |
| 관광 | 観光 |
| 관심 | 興味、関心 |
| 괜찮다 | 大丈夫だ、結構だ |
| 괜찮으시다 | よろしい |
| 교과서 | 教科書 |
| 교실 | 教室 |
| 교육실습 | 教育実習 |
| 교장실 | 校長室 |
| 교토 | 京都 |
| 교통 | 交通 |
| 교통카드 | 交通系ICカード |
| 구경하다 | 見物する |
| 구두 | 靴 |
| 국내 | 国内 |
| 국제문제 | 国際問題 |
| -권 | ～冊 |
| 귀 | 耳 |
| 귀엽다 | 可愛い |
| 규슈 | 九州 |

| 규슈 신칸센 | 九州新幹線 |
| 그 | その |
| 그거 (그것의 縮約形) | それ |
| 그건 (그것은の縮約形) | それは |
| 그것 | それ |
| 그게 (그것이の縮約形) | それが |
| 그래도 | でも |
| 그래서 | それで |
| 그래요? | そうですか |
| 그런 | そのような、そういう |
| 그런데 | ところで、ところが |
| 그럼 | では、じゃあ |
| 그렇게 | そんなに、そのように |
| 그리고 | そして |
| 그리다 | 描く |
| 그림 | 絵 |
| 그치다 | 止む |
| 극장 | 劇場 |
| 근처 | 近く、近所 |
| 금요일 | 金曜日 |
| -급 | ～級 |
| -기 때문에 | ～ので、から |
| 기다리다 | 待つ |
| 기대되다 | 期待される |
| 기대하다 | 期待する |
| 기말 시험 | 期末試験 |
| 기부 | 寄付 |
| 기쁘다 | 嬉しい |
| 기자 | 記者 |
| 기침 | 咳 |
| 기타 | ギター |
| 길 | 道 |
| 길다 | 長い |
| 김 | 海苔 |
| 김밥 | キンパ |
| 김밥집 | キンパ屋 |
| 김치 | キムチ |
| 김치김밥 | キムチキンパ |
| 김치찌개 | キムチチゲ |
| 까다 | (皮を) むく |
| -까지 | ～まで (まで) |
| 까치 | カササギ |
| 깎다 | 値切る |
| 깨끗하다 | きれいだ |
| -께 | ～に |

| 꼭 | ぜひ、必ず |
| 꽃 | 花 |
| 꽃구경 | 花見 |
| 꽃집 | 花屋 |
| 끄다 | 消す |
| 끝 | 終わり |
| 끝나다 | 終わる |

| ㄴ | |
| --- | --- |
| 나 | 私、おれ、僕 |
| 나가다 | 出かける、外出する |
| 나라 | 国 |
| 나비 | 蝶 |
| 나쁘다 | 悪い |
| 나오다 | 出る |
| 나이 | 年齢 |
| 날 | 日 |
| 날씨 | 天気 |
| 남극 | 南極 |
| 남동생 | 弟 |
| 남자 친구 | 彼氏(恋人) |
| 낮 | 昼 |
| 낮잠 | 昼寝 |
| 내 (나의の縮約形) | 私の |
| 내년 | 来年 |
| 내다 | 出す、支払う |
| 내리다 | 降りる |
| 내일 | 明日 |
| 냉장고 | 冷蔵庫 |
| 너무 | とても、ずいぶん |
| 넓다 | 広い |
| 네 | はい |
| -네요 | ～ですね、ますね |
| -년 | ～年 |
| 노란색 | 黄色 |
| 노래 | 歌 |
| 노래 부르기 | 歌を歌うこと |
| 노래방 | カラオケ店 |
| 노래하다 | 歌を歌う |
| 노트 | ノート |
| 노트북 | ノートパソコン |
| 녹차 | 緑茶 |
| 놀다 | 遊ぶ |
| 놀이동산 | 遊園地 |
| 농담 | 冗談 |
| 놓다 | 置く |
| 누가 | 誰が |
| 누구 | 誰 |

| 누나 | 姉（弟からみた） |
| 눈 | 目、雪 |
| 눈물 | 涙 |
| 뉴스 | ニュース |
| -는 / 은 | ～は |
| 늘다 | 伸びる、増える |
| 늦다 | 遅れる |
| 늦잠 | 寝坊 |

| ㄷ | |
| --- | --- |
| 다 | みんな、すべて、全部 |
| 다니다 | 通う |
| 다르다 | 違う、異なる |
| 다리 | 橋、脚 |
| 다리미 | アイロン |
| 다문화 | 異文化 |
| 다시 | もう一度、また |
| 다음 달 | 来月 |
| 다음 역 | 次の駅 |
| 다음 주 | 来週 |
| 다음에 | 今度 |
| 단어 | 単語 |
| 닫다 | 閉める |
| 달다 | 甘い |
| 달력 | カレンダー |
| 닭 | 鶏 |
| 닭갈비 | タッカルビ |
| 닭한마리 | タッカンマリ(鶏の水炊き) |
| 담그다 | 漬ける |
| 당첨되다 | 当選する |
| -대 | ～台 |
| 대청소 | 大掃除 |
| 대학 | 大学 |
| 대학교 | 大学校 |
| 대학생 | 大学生 |
| 댄스 | ダンス |
| 더 | もっと、さらに、より |
| 덥다 | 暑い |
| 데이트 | デート |
| -도 | ～も |
| 도끼 | 斧 |
| 도서관 | 図書館 |
| 도시 | 都市 |
| 도시락 | お弁当 |
| 도착하다 | 到着する |
| 도쿄 | 東京 |
| 독서 | 読書 |
| 독일 | ドイツ |

| 돈 | お金 | 막히다 | 混む、詰まる | 무역 | 貿易 |
|---|---|---|---|---|---|
| 돈부리 | どんぶり | 만나다 | 会う | 문 | 門 |
| 돌솥비빔밥 | 石焼きビビンバ | 만두 | 餃子 | 문제 | 問題 |
| 돌아가다 | 帰る、戻る | 만들다 | 作る | 물 | 水 |
| 돕다 | 手伝う | 많다 | 多い | 물가 | 物価 |
| 동대문시장 | 東大門市場 | 많이 | たくさん | 물건값 | 物の値段 |
| 동생 | 妹・弟 | 말 | 言葉 | 뭐 | 何 |
| -동안 | 〜(の)間(期間) | 말 | 馬 | (무엇의 縮約形) | |
| 동아리 | サークル | 말하다 | 言う、話す | 뭐가 | 何が |
| 돼지 | ブタ | 맑다 | 晴れる | (무엇이의 縮約形) | |
| 돼지고기 | 豚肉 | 맛 | 味 | 뭐예요？ | 何ですか |
| 되다 | なる | 맛있게 | 美味しく | 뭘 | 何を |
| 두부찌개 | 豆腐チゲ | 맛있는 것 | おいしい物 | (무엇을의 縮約形) | |
| 뒤 | 後ろ | 맛있다 | 美味しい | 미국 | アメリカ |
| 드라마 | ドラマ | 맛집 | グルメ店 | 미안해요 | ごめんなさい |
| 드라이브 | ドライブ | 맞아요？ | 合っていますか | 미역국 | わかめスープ |
| 드라이브하다 | ドライブする | 맡기다 | 預ける | 미용사 | 美容師 |
| 드시다 | 召し上がる | 매일 | 毎日 | 미용실 | 美容院 |
| 듣다 | 聞く | 매점 | 売店 | 믿다 | 信じる |
| 등산 | 登山 | 맥주 | ビール | | |

**ㅂ**

| 디자인 | デザイン | 맵다 | 辛い | -ㅂ니다 / 습니다 | 〜ます、です |
|---|---|---|---|---|---|
| 디즈니 | ディズニー | 머리 | 頭 | 바나나 | バナナ |
| 따다 | 取る | 먹다 | 食べる | 바다 | 海 |
| 따뜻하다 | 暖かい | 먼저 | 先に、まず | 바둑 | 囲碁 |
| 따르다 | (あとに)ついて行く | 멀다 | 遠い | 바람 | 風 |
| 따로 | 別々に | 멋있다 | 格好いい、素敵だ | 바쁘다 | 忙しい |
| 딸기 | イチゴ | 멋지다 | 素敵だ | 바이올린 | バイオリン |
| 떠들다 | 騒ぐ | 메뉴 | メニュー | 바지 | ズボン |
| 떡 | お餅 | 메모 | メモ | 밖 | 外 |
| 떡국 | トックク（雑煮） | 메일 | メール | 반갑다 | (お会いできて)嬉しい |
| 떡볶이 | トッポギ | 며칠 | 何日 | 반바지 | 短パン、半ズボン |
| 뜨겁다 | 熱い | 면세점 | 免税店 | 받다 | もらう |

**ㄹ**

| | | 면접 | 面接 | 발 | 足 |
|---|---|---|---|---|---|
| 라디오 | ラジオ | -명 | 〜名 | 발레 | バレエ |
| 라면 | ラーメン | 명동 | 明洞 | 발표 | 発表 |
| 라면집 | ラーメン屋 | 명물 | 名物 | 밟다 | 踏む |
| 라이브 | ライブ | 몇 | 何〜 | 밤 | 夜 |
| 라이브 콘서트 | ライブコンサート | 모레 | 明後日 | 밥 | ご飯 |
| 라인 | LINE | 모르다 | 知らない、分からない | 방 | 部屋 |
| 라켓 | ラケット | 모으다 | 集める、貯める | 방학 | 休み(学校の長期休み) |
| 럭비 | ラグビー | 모자 | 帽子 | 밭 | 畑 |
| -를 / 을 | 〜を | 목 | 喉、首 | 배 | 腹 |
| 리포트 | レポート | 목요일 | 木曜日 | 배낭여행 | バックパック旅行 |

**ㅁ**

| | | 목욕 | 沐浴 | 배우 | 俳優 |
|---|---|---|---|---|---|
| -마다 | 〜ごとに、毎〜 | 목욕하다 | お風呂に入る | 배우다 | 習う、学ぶ |
| -마리 | 〜匹 | 무릎 | ひざ | 배추 | 白菜 |
| 마음 | 心 | 무리하다 | 無理する | 백화점 | デパート、百貨店 |
| 마트 | スーパー | 무슨 | 何の、どの | 버리다 | 捨てる |
| 막걸리 | マッコリ | 무엇 | 何 | -번 | 〜回、番 |

| | | | | | | |
|---|---|---|---|---|---|
| 벚꽃 | 桜 | 사이 | 仲、間柄 | 손 | 手 |
| 별로 | あまり、それほど | 사이 | 間 | 손가락 | 指 |
| 병원 | 病院 | 사인 | サイン | 손님 | お客さん |
| 보내다 | 送る | 사자 | ライオン | 손수건 | ハンカチ |
| 보다 | 見る | 사장님 | 社長 | 쇼핑 | ショッピング |
| -보다 | ～より（比較） | 사전 | 辞書 | 쇼핑하다 | ショッピングする |
| 보통 | 普通、普段 | 사진 | 写真 | 수박 | スイカ |
| 복습하다 | 復習する | 사진 찍기 | 写真を撮ること | 수업 | 授業 |
| 볼펜 | ボールペン | 사투리 | 方言 | 수영 | 水泳 |
| 봄 | 春 | 산 | 山 | 수요일 | 水曜日 |
| 봄방학 | 春休み | 산책하다 | 散歩する | 수첩 | 手帳 |
| 봉사 | ボランティア | -살 | ～才 | 숙제 | 宿題 |
| 부르다 | 歌う | 살다 | 住む、暮らす | 숙제하다 | 宿題する |
| 부부 | 夫婦 | 살을 빼다 | 痩せる | 숟가락 | スプーン |
| 부산 | 釜山（地名） | 삶 | 人生 | 쉬다 | 休む |
| 부엌 | 台所 | 삼각김밥 | おにぎり | 쉽다 | 易しい、簡単だ |
| 부침개 | チヂミ | 삼겹살 | サムギョプサル | 스웨터 | セーター |
| -부터 | ～から（時間） | 삼계탕 | サムゲタン（参鶏湯） | 스케이트 | スケート |
| 북촌 한옥마을 | 北村韓屋村（地名） | 삼촌 | おじ（父方） | 스키 | スキー |
| -분 | ～分 | 상추 | サンチュ | 스키야키 | すき焼き |
| -분 | ～方（かた）、～名様 | 새 집 | 新築の家、新しい家 | 스테이크 | ステーキ |
| 분식 | 韓国式軽食 | 색, 색깔 | 色 | 스트레스 | ストレス |
| 분위기 | 雰囲気 | 생기다 | できる、生じる | 스파게티 | スパゲッティ |
| 분홍색 | ピンク色 | 생일 | 誕生日 | 스페인 | スペイン |
| 불고기 | プルゴギ | 생일파티 | 誕生日パーティー | 스페인어 | スペイン語 |
| 불고기버거 | プルゴギバーガー | 생활하다 | 生活する | 슬슬 | そろそろ |
| 불다 | 吹く | 서두르다 | 急ぐ | 슬프다 | 悲しい |
| 불편하다 | 不便だ | 서울 | ソウル | -시 | ～時 |
| 붕어빵 | たい焼き | 서점 | 書店 | 시간 | 時間 |
| 비 | 雨 | 서핑하다 | サーフィンをする | 시계 | 時計 |
| 비비다 | 混ぜる | 석가탄신일 | 釈迦誕生日 | 시골 | 田舎 |
| 비빔밥 | ビビンバ | 선글라스 | サングラス | 시작하다 | 始める |
| 비싸다 | 高い | 선물 | プレゼント、贈り物 | 시장 | 市場 |
| 비자 | ビザ | 선배 | 先輩 | 시키다 | 注文する |
| 비행기 | 飛行機 | 선생님 | 先生 | 시험 | 試験 |
| 빌리다 | 貸す、借りる | 선수 | 選手 | 식당 | 食堂 |
| 빠르다 | 早い | 선풍기 | 扇風機 | 식사하다 | 食事する |
| 빨간색 | 赤色 | 설날 | お正月 | 신다 | （履物を）履く |
| 빨간펜 | 赤ペン | 설명하다 | 説明する | 신문 | 新聞 |
| 빨리 | 早く、速く、早めに | 성실하다 | 真面目だ | 신발 | 靴、履物 |
| 빵 | パン | 세게 | 強く | 신칸센 | 新幹線 |
| 빵집 | パン屋 | 세계지도 | 世界地図 | 실력 | 実力 |
| **ㅅ** | | 센티미터 | センチメートル | 싫다 | 嫌だ |
| 사과 | リンゴ | 소개 | 紹介 | 싫어하다 | 嫌う、嫌がる |
| 사귀다 | 付き合う | 소개하다 | 紹介する | 심리학 | 心理学 |
| 사다 | 買う | 소고기 | 牛肉 | 싸다 | 安い |
| 사람 | 人 | 소리 | 声、音 | 싸우다 | けんかする |
| 사랑 | 愛 | 소설 | 小説 | 쑤시다 | 節々が痛い |
| 사무실 | 事務室、オフィス | 소포 | 小包 | | |

| | | | | | |
|---|---|---|---|---|---|
| 쓰다 | 書く、使う、かぶる、かける | 약 | 薬 | 여름 | 夏 |
| 쓰레기 | ゴミ | 약국 | 薬局 | 여야 | 与野(党) |
| -씨 | 〜さん、氏 | 약속 | 約束 | 여우 | 狐 |
| 씻다 | 洗う | 양념치킨 | ヤンニョムチキン | 여유 | 余裕 |
| **ㅇ** | | 양말 | 靴下 | 여행 | 旅行 |
| -아 / 어 보다 | 〜してみる | 양산 | 日傘 | 여행사 | 旅行者 |
| -아 / 어 주세요 | 〜してください | 양식 | 洋食 | 여행하다 | 旅行する |
| 아까 | さっき | 얘기 | 話 | 역 | 駅 |
| 아뇨 (아니요の縮約形) | いいえ | (이야기の縮約系) | | 연락하다 | 連絡する |
| 아니에요 | いいえ、違います | 어깨 | 肩 | 연습 | 練習 |
| 아니요 | いいえ | 어느 | どの | 연습하다 | 練習する |
| 아래 | 下 | 어느 거 | どれ | 연예인 | 芸能人 |
| 아르바이트 | アルバイト | (어느 것の縮約形) | | 연필 | 鉛筆 |
| 아버지 | 父 | 어느 것 | どれ | 열 | 熱 |
| 아이 | 子供 | 어느 게 | どれが | 열다 | 開ける |
| 아이돌 | アイドル | (어느 것이の縮約形) | | 열쇠 | カギ |
| 아이스크림 | アイスクリーム | 어둡다 | 暗い | 열심히 | 一生懸命、熱心に |
| 아저씨 | おじさん | 어디 | どこ | 열이 나다 | 熱が出る |
| 아프다 | 痛い | 어때요? | どうですか | 영어 | 英語 |
| 아라비아어 | アラビア語 | 어떻게 | どのように、どうやって | 영자 신문 | 英字新聞 |
| 아마 | 多分 | 어떻다 | どうだ | 영화 | 映画 |
| 아주 | とても、極めて | 어렵다 | 難しい | 영화 보기 | 映画を見ること |
| 아직 | まだ | 어머니 | 母 | 영화관 | 映画館 |
| 아침 | 朝、朝ご飯 | 어서 오세요 | いらっしゃいませ | 옆 | 横、隣 |
| 아프리카 | アフリカ | 어울리다 | 似合う | 예 | はい |
| 안 | 中 | 어제 | 昨日 | 예쁘다 | 可愛い、きれいだ |
| 안- | 用言の前におく否定形 | 어학연수 | 語学研修 | 예약하다 | 予約する |
| 안경 | 眼鏡 | 언니 | 姉(妹からみた) | -예요(?) | 〜です(か)(打ち解けた丁寧形) |
| 안내하다 | 案内する | 언제 | いつ | /이에요(?) | |
| 안녕하세요? | こんにちは、おはようございます、こんばんは | 얼마 | いくら | 오늘 | 今日 |
| | | 얼마나 | どれくらい、どのくらい | 오다 | 来る、降る |
| | | 얼마 동안 | どのくらい | 오래간만 | 久しぶり |
| | | 없다 | ない、いない | 오렌지 | オレンジ |
| | | 없어요 | ありません、いません | 오른쪽 | 右側 |
| 안녕히 가세요 | さようなら (去っていく人に) | 엉덩이 | 尻 | 오므라이스 | オムライス |
| | | -에 | 〜に | 오빠 | 兄(妹からみた) |
| 안녕히 계세요 | さようなら (残っている人に) | -에게 | 〜に(人) | 오이 | キュウリ |
| | | -에서 | 〜から(起点) | 오전 | 午前 |
| 앉다 | 座る | -에서 | 〜で(場所・位置) | 오키나와 | 沖縄 |
| 알다 | 分かる、知る | 에어컨 | エアコン | 오후 | 午後 |
| 알리다 | 知らせる | 여기 | ここ | 온몸 | 全身 |
| 알바(아르바이트 の縮約系) | バイト | 여기서 | ここで | 온천 | 温泉 |
| | | 여자 친구 | 彼女(恋人) | 올림 | 〜より、〜拝 |
| -았 / 었어요 | 〜ました、でした | 여기요 | すみません(呼びかけ)、こちらです(物を渡すときに) | 올해 | 今年 |
| 앞 | 前 | | | 옷 | 服 |
| 액세서리 | アクセサリー | | | 옷 가게 | 洋服屋 |
| 야경 | 夜景 | 여기저기 | あちこち | 옷장 | タンス、クローゼット |
| 야구 | 野球 | 여동생 | 妹 | 왜요? | なぜですか |
| 야채 | 野菜 | 여러 번 | 何回も | 외국어 | 外国語 |

| 외롭다 | 寂しい | 은행 | 銀行 | 일하다 | 仕事する、働く |
|---|---|---|---|---|---|
| 외삼촌 | おじ(母方) | 은행원 | 銀行員 | 읽다 | 読む |
| 외식 | 外食 | 음식 | 食べ物、料理 | 입 | 口 |
| 외우다 | 覚える | 음악 | 音楽 | -입니다(까?) | ～です(か)(かしこまった丁寧形) |
| 외출하다 | 外出する | 음악 듣기 | 音楽を聞くこと | 입다 | 着る、(ズボンを)履く |
| 왼쪽 | 左側 | 응원하다 | 応援する | 입장 | 入場 |
| 요가 | ヨガ | -의 | ～の | 입학 | 入学 |
| 요리 | 料理 | 의사 | 医者 | 있다 | ある、いる |
| 요리사 | 料理人 | 의자 | 椅子 | 있어요 | あります、います |
| 요즘 | 最近、近頃 | 이 | この | 있어요(?) | あります(か)、います(か) |
| 우동 | うどん | 이거 (이것の縮約形) | これ | | |
| 우리 | 私達、うち | | | | |
| 우리집 | 我が家 | 이건 (이것은の縮約形) | これは | | ㅈ |
| 우산 | 傘 | | | 자기 | 自己 |
| 우승하다 | 優勝する | 이것 | これ | 자다 | 寝る |
| 우아 | 優雅 | 이게 (이것이の縮約形) | これが | 자동차 | 車、自動車 |
| 우유 | 牛乳 | | | 자동차 운전 학원 | 自動車学校 |
| 우정 | 友情 | 이국적 | 異国的 | 자두 | スモモ |
| 운동 | 運動 | 이따가 | 後で | 자료 | 資料 |
| 운동장 | 運動場 | 이름 | 名前 | 자전거 | 自転車 |
| 운동화 | 運動靴、スニーカー | 이마 | 額 | 자주 | よく、しょっちゅう |
| 운전하다 | 運転する | 이모 | おば(母方) | 작년 | 昨年 |
| 웃다 | 笑う | 이번 | 今度(の) | 작다 | 小さい |
| 워드 | ワード | 이번 달 | 今月 | -잔 | ～杯 |
| -원 | ～ウォン | 이번 주 | 今週 | 잘 지내다 | 元気に過ごす |
| 원피스 | ワンピース | 이사하다 | 引っ越しする | 잘되다 | うまくいく、よくできる |
| -월 | ～月 | -(이)세요 | ～でいらっしゃいます | 잘하다 | 上手だ、得意だ、できる |
| 월요일 | 月曜日 | 이야기하다 | 話す | 잘했어요 | よくできました |
| 웨이터 | ウェイター | 이유 | 理由 | 잠 | 眠り |
| 위 | 上 | 이쪽 | こちら | 잠시만 | 少々、しばらく |
| 유니세프 | UNICEF | 이탈리아 | イタリア | 잡다 | 掴む、握る |
| 유람선 | 遊覧船 | 이태원 | 梨泰院(地名) | 잡지 | 雑誌 |
| 유럽 | ヨーロッパ | 인기 | 人気 | 잡채 | チャプチェ |
| 유명하다 | 有名だ | 인도네시아 | インドネシア | -장 | ～枚 |
| 유엔 | 国連(UN) | 인도네시아어 | インドネシア語 | 장기 | 将棋 |
| 유자차 | 柚子茶 | -인분 | ～人前 | 장미 | バラ |
| 유튜브 | YouTube | 인사동 | 仁寺洞(地名) | 재미있다 | 面白い |
| 유학생 | 留学生 | 인스타그램 | Instagram | 저 (나の謙譲表現) | 私 |
| 유행하다 | 流行する | 인터넷 | インターネット | | |
| 육개장 | ユッケジャン | 인턴 | インターン | 저 | あの |
| -(으)ㄹ 거예요 | ～するつもりです | 일 | 仕事、こと | 저거 (저것の縮約形) | あれ |
| -(으)ㄹ게요 | ～しますね | -일 | ～日 | | |
| -(으)ㄹ까요? | ～しましょうか | 일본 | 日本 | 저건 (저것은の縮約形) | あれは |
| -(으)ㄹ 수 없다 | ～することができない | 일본 사람 | 日本人 | | |
| -(으)ㄹ 수 있다 | ～することができる | 일본어 | 日本語 | 저것 | あれ |
| -(으)ㅂ시다 | ～しましょう | 일식 | 和食 | 저게 (저것이の縮約形) | あれが |
| -(으)세요 | ～してください、～されます | 일어나다 | 起きる | | |
| | | 일일일 | 日曜日 | 저금 | 貯金 |
| -(으)시다 | ～(ら)れる、お～になる | 일찍 | 早く | 저기 | あそこ |

| | | | | | |
|---|---|---|---|---|---|
| 저녁 | 夕方、晩ご飯 | 지각하다 | 遅刻する | 최신 | 最新 |
| 전공하다 | 専攻する | 지갑 | 財布 | 추다 | 踊る |
| 전국 일주 | 全国一周 | 지금 | 今 | 추석 | 中秋節、秋夕(旧暦のお盆) |
| 전복죽 | アワビのお粥 | 지난달 | 先月 | | |
| 전철 | 電車 | 지난주 | 先週 | 추천하다 | 推薦する、勧める |
| 전통차 | 伝統茶 | 지내다 | 過ごす | 축구 | サッカー |
| 전혀 | 全然 | 지다 | 負ける | 축하 | 祝賀 |
| 전화 | 電話 | 지브리 | ジブリ | 축하하다 | 祝う、祝賀する、おめでとう |
| 전화하다 | 電話する | -지요(죠)? | ～でしょう、～よね | | |
| 절 | お寺 | 지우개 | 消しゴム | 출발하다 | 出発する |
| 젊다 | 若い | 지하 | 地下 | 춤 | 踊り、ダンス |
| 점심 | 昼、昼ご飯 | 지하철 | 地下鉄 | 춥다 | 寒い |
| 접시 | お皿 | 지하철역 | 地下鉄駅 | 취미 | 趣味 |
| 젓가락 | 箸 | 진짜요? | 本当ですか | 취소하다 | キャンセルする、取り消す |
| 정말 | 本当に | 짐 | 荷物 | | |
| 정말요? | 本当ですか | 집 | 家 | 취직하다 | 就職する |
| 제 (저의の縮約形) | わたくしの(私の) | 집안 청소 | 家の掃除 | -층 | ～階 |
| | | 집집마다 | 家ごとに | 치다 | 打つ、弾く |
| 제주도 | 済州島(地名) | 짜다 | 塩辛い | 치마 | スカート |
| 제출하다 | 提出する | 짜장면 | ジャージャー麺 | 치즈닭갈비 | チーズタッカルビ |
| 조금 | 少し | 짧다 | 短い | 치즈핫도그 | チーズホットドッグ |
| 조금만 | 少しだけ | 짬뽕 | チャンポン | 치킨 | チキン |
| 조깅하다 | ジョギングする | 찌다 | 蒸す | 친구 | 友達 |
| 조사 | 調査 | 찍다 | 撮る | 친절하다 | 親切だ |
| 조심하다 | 気を付ける | 찜질방 | チムジルバン(韓国式岩盤浴) | 침대 | ベッド |
| 조용하다 | 静かだ | | | **ㅋ** | |
| 졸업식 | 卒業式 | **ㅊ** | | 카드 | カード |
| 졸업후 | 卒業後 | 차갑다 | 冷たい | 카페 | カフェ |
| 좁다 | 狭い | 차다 | 冷たい | 칼국수 | カルグクス(韓国風うどん) |
| 종업원 | 店員 | 차트 | チャート | | |
| 종이 | 紙 | 착하다 | 優しい | 칼로리 | カロリー |
| 좋다 | 良い | 참 | とても、実に、本当に | 커피 | コーヒー |
| 좋아하다 | 好きだ、好む | 참 | あ、そういえば(感嘆詞) | 컴퓨터 | コンピューター |
| 좋아하시다 | お好きだ | | | 컵 | コップ |
| 주다 | あげる、くれる | 참다 | 我慢する | 케이크 | ケーキ |
| 주로 | 主に | 창문 | 窓 | 케이팝 | K-POP |
| 주말 | 週末 | 찾다 | 探す、(お金を)おろす | 켜다 | 点ける |
| 주무시다 | お休みになる | 찾아보다 | 探してみる | 코 | 鼻 |
| 주문하다 | 注文する | 책 | 本 | 코트 | コート |
| 주세요 | ください | 책상 | 机 | 콘서트 | コンサート |
| 주소 | 住所 | 책장 | 本棚 | 콜라 | コーラ |
| -주일 | ～週間 | 천천히 | ゆっくり | 콧물 | 鼻水 |
| 주차 | 駐車 | 청바지 | ジーンズ | 쿠키 | クッキー |
| 줄넘기 | 縄跳び | 청소 | 掃除 | 크다 | 大きい |
| 중국 | 中国 | 청소하다 | 掃除する | 크리스마스 | クリスマス |
| 중식 | 中華料理 | 체육 | 体育 | 큰 소리 | 大きい声 |
| -지 마세요 | ～しないで下さい | 초밥 | 寿司 | 타다 | 乗る |
| -지 않다 | 用言の後ろにつく否定形 | 초콜릿 | チョコレート | 타조 | ダチョウ |
| | | 최고 | 最高 | 탁구 | 卓球 |

| | | | | |
|---|---|---|---|---|
| 탕수육 | 酢豚 | | 한 줄 | 1本(のり巻きなど) |
| 태권도 | テコンドー | | 한강 | 漢江 |
| 택시 | タクシー | | 한국 | 韓国 |
| 택시비 | タクシー代 | | 한국 사람 | 韓国人 |
| 테니스 | テニス | | 한국말 | 韓国語 |
| 텔레비전 | テレビ | | 한국어 | 韓国語 |
| 토끼 | ウサギ | | 한국 요리 | 韓国料理 |
| 토요일 | 土曜日 | | 한번 | 一度 |
| 퇴원하다 | 退院する | | 한복 | 韓服(韓国の伝統衣装)、チマチョゴリ |
| 트위터 | Twitter | | 한식 | 韓国料理 |
| 특히 | 特に | | 한자 | 漢字 |
| 팀 | チーム | | 한정식 | 韓定食 |
| **ㅍ** | | | -한테 | ～に(人) |
| 팔 | 腕 | | 할머니 | 祖母 |
| 파도 | 波 | | 할아버지 | 祖父 |
| 파란색 | 青色 | | 합격하다 | 合格する |
| 파스타 | パスタ | | 해외 | 海外 |
| 파티 | パーティー | | 핸드폰 | 携帯電話 |
| 팔다 | 売る | | 햄버거 | ハンバーガー |
| 팝송 | 洋楽 | | 허리 | 腰 |
| 팥빙수 | かき氷 | | 현금 | 現金 |
| -페이지 | ～ページ | | 형 | 兄(弟からみた) |
| 펴다 | 広げる、開く | | 형제 | 兄弟 |
| 편의점 | コンビニ | | 호떡 | ホットク |
| 편지 | 手紙 | | -호선 | ～号線 |
| 편하다 | 楽だ | | 호텔 | ホテル |
| 평일 | 平日 | | 혼자 | 一人 |
| 포도 | ブドウ | | 홈쇼핑 | テレビショッピング |
| 표 | チケット、切符 | | 홈스테이 | ホームステイ |
| 푹 | ゆっくり、ぐっすり | | 홋카이도 | 北海道 |
| 프랑스 | フランス | | 화려하다 | 派手だ |
| 피곤하다 | 疲れる | | 화면 | 画面 |
| 피다 | 咲く | | 화요일 | 火曜日 |
| 피아노 | ピアノ | | 화장실 | トイレ |
| 피자 | ピザ | | 화장지 | トイレットペーパー |
| 필통 | 筆箱 | | 화장품 가게 | コスメショップ |
| **ㅎ** | | | 활동 | 活動 |
| -하고 | ～と | | 회사 | 会社 |
| 하늘 | 空 | | 회사원 | 会社員 |
| 하다 | する | | 회의 | 会議 |
| 하마 | カバ | | 회의하다 | 会議する |
| 하지만 | でも、しかし | | -후 | ～後 |
| 학과 | 学科 | | 휴가 | 休暇 |
| 학교 | 学校 | | 휴게실 | 休憩室 |
| -학년 | ～年生 | | 흐리다 | 曇る |
| 학비 | 学費 | | 흰색 | 白色 |
| 학생 | 学生 | | 힘들다 | 大変だ、つらい、しんどい |
| 학생 식당 | 学生食堂 | | | |
| 학원 | 塾、教室、予備校 | | | |

| 数　字 | |
|---|---|
| 1 | 일 |
| 2 | 이 |
| 3 | 삼 |
| 4 | 사 |
| 5 | 오 |
| 6 | 육 |
| 7 | 칠 |
| 8 | 팔 |
| 9 | 구 |
| 10 | 십 |
| 1つ | 하나(한) |
| 2つ | 둘(두) |
| 3つ | 셋(세) |
| 4つ | 넷(네) |
| 5つ | 다섯 |
| 6つ | 여섯 |
| 7つ | 일곱 |
| 8つ | 여덟 |
| 9つ | 아홉 |
| 10 | 열 |
| 20 | 스물(스무) |
| 30 | 서른 |
| 40 | 마흔 |
| 50 | 쉰 |
| 60 | 예순 |
| 70 | 일흔 |
| 80 | 여든 |
| 90 | 아흔 |
| 100 | 백 |
| 千 | 천 |
| 万 | 만 |
| 億 | 억 |

| ＡＢＣ… | |
|---|---|
| Instagram | 인스타그램 |
| K-POP | 케이팝 |
| LINE | 라인 |
| NPO | NPO |
| Twitter | 트위터 |
| UNICEF | 유니세프 |
| YouTube | 유튜브 |

| ア行 | |
|---|---|
| あ、そういえば（感嘆詞） | 참 |
| 愛 | 사랑 |
| アイスクリーム | 아이스크림 |
| 間 | 사이 |
| アイドル | 아이돌 |

| | |
|---|---|
| アイロン | 다리미 |
| 会う | 만나다 |
| 青色 | 파란색 |
| 赤色 | 빨간색 |
| 赤ペン | 빨간펜 |
| 秋 | 가을 |
| アクセサリー | 액세서리 |
| 開ける | 열다 |
| あげる、くれる | 주다 |
| 朝、朝ご飯 | 아침 |
| 明後日 | 모레 |
| 足 | 발 |
| 脚 | 다리 |
| 味 | 맛 |
| 明日 | 내일 |
| 預ける | 맡기다 |
| あそこ | 저기 |
| 遊ぶ | 놀다 |
| 暖かい | 따뜻하다 |
| 頭 | 머리 |
| あちこち | 여기저기 |
| 暑い | 덥다 |
| 熱い | 뜨겁다 |
| 合っていますか | 맞아요？ |
| 集める、貯める | 모으다 |
| 後で | 이따가 |
| 兄 | 오빠, 형 |
| 姉 | 언니, 누나 |
| あの | 저 |
| アフリカ | 아프리카 |
| 甘い | 달다 |
| あまり、それほど | 별로 |
| 雨 | 비 |
| アメリカ | 미국 |
| 洗う | 씻다 |
| アラビア語 | 아라비아어 |
| ありがたい | 고맙다 |
| あります（か）、います（か） | 있어요(?) |
| ありません（か）、いません（か） | 없어요(?) |
| ある、いる | 있다 |
| 歩く | 걷다 |
| アルバイト | 아르바이트 |
| あれ | 저거（저것の縮約形） |
| あれが | 저게（저것이の縮約形） |

| | |
|---|---|
| あれは | 저건（저것은の縮約形） |
| アワビのお粥 | 전복죽 |
| 案内する | 안내하다 |
| いいえ | 아뇨（아니요の縮約形） |
| いいえ、違います | 아니에요 |
| 言う、話す | 말하다 |
| 家 | 집 |
| 家ごとに | 집집마다 |
| 家の掃除 | 집안 청소 |
| 行く | 가다 |
| いくら | 얼마 |
| 囲碁 | 바둑 |
| 異国的 | 이국적 |
| 医者 | 의사 |
| 石焼きビビンバ | 돌솥비빔밥 |
| 椅子 | 의자 |
| 忙しい | 바쁘다 |
| 急ぐ | 서두르다 |
| 痛い | 아프다 |
| イタリア | 이탈리아 |
| イチゴ | 딸기 |
| 一度 | 한번 |
| 市場 | 시장 |
| いつ | 언제 |
| 一生懸命、熱心に | 열심히 |
| 一緒に | 같이 |
| 1本（のり巻きなど） | 한 줄 |
| イテウォン（梨泰院、地名） | 이태원 |
| 田舎 | 시골 |
| 犬 | 개 |
| 異文化 | 다문화 |
| 今 | 지금 |
| 妹 | 여동생 |
| 妹・弟 | 동생 |
| 嫌だ | 싫다 |
| いらっしゃいませ | 어서 오세요 |
| いらっしゃる | 계시다 |
| 色 | 색, 색깔 |
| 祝う、祝賀する、おめでとう | 축하하다 |
| インサドン（仁寺洞、地名） | 인사동 |
| インターネット | 인터넷 |
| インターン | 인턴 |
| インドネシア | 인도네시아 |

| | | | | | | |
|---|---|---|---|---|---|
| インドネシア語 | 인도네시아어 | お皿 | 접시 | かかる | 걸리다 |
| 上 | 위 | おじ(父方) | 삼촌 | カギ | 열쇠 |
| ウェイター | 웨이터 | おじ(母方) | 외삼촌 | かき氷 | 팥빙수 |
| ～ウォン | -원 | おじさん | 아저씨 | 描く | 그리다 |
| ウサギ | 토끼 | お正月 | 설날 | 家具 | 가구 |
| 後ろ | 뒤 | お好きだ | 좋아하시다 | 書く、かぶる、かける | 쓰다 |
| 歌 | 노래 | お寺 | 절 | 学生 | 학생 |
| 歌を歌う | 노래를 부르다, 노래하다 | 弟 | 남동생 | 学生食堂 | 학생 식당 |
| | | 踊り、ダンス | 춤 | 学費 | 학비 |
| 歌を歌うこと | 노래 부르기 | 踊る | 추다 | かける | 걸다 |
| 美しい | 곱다, 아름답다 | おにぎり | 삼각김밥 | 傘 | 우산 |
| 腕 | 팔 | 斧 | 도끼 | カササギ | 까치 |
| うどん | 우동 | おば(父方) | 고모 | 加湿器 | 가습기 |
| 馬 | 말 | おば(母方) | 이모 | 歌手 | 가수 |
| うまくいく、よくできる | 잘되다 | お風呂に入る | 목욕하다 | 貸す、借りる | 빌리다 |
| | | お弁当 | 도시락 | 風 | 바람 |
| 海 | 바다 | 覚える | 외우다 | 風邪 | 감기 |
| 売る | 팔다 | お店を開く | 가게를 내다 | 家族 | 가족 |
| 嬉しい | 기쁘다, 반갑다 | オムライス | 오므라이스 | ～方(かた) | -분 |
| 運転する | 운전하다 | 面白い | 재미있다 | 肩 | 어깨 |
| 運動 | 운동 | お餅 | 떡 | 課題 | 과제 |
| 運動靴、スニーカー | 운동화 | 主に | 주로 | ～月 | -월 |
| 運動場 | 운동장 | お休みになる | 주무시다 | 学科 | 학과 |
| 絵 | 그림 | おやつ、間食 | 간식 | 学校 | 학교 |
| エアコン | 에어컨 | 降りる | 내리다 | 格好いい、素敵だ | 멋있다 |
| 映画 | 영화 | オレンジ | 오렌지 | 活動 | 활동 |
| 映画館 | 영화관 | お笑い芸人 | 개그맨 | 悲しい | 슬프다 |
| 映画を見ること | 영화 보기 | 終わり | 끝 | カニ | 게 |
| 英語 | 영어 | 終わる | 끝나다 | 彼女(恋人) | 여자 친구 |
| 英字新聞 | 영자 신문 | 音楽 | 음악 | カバ | 하마 |
| 駅 | 역 | 音楽を聞くこと | 음악 듣기 | カバン | 가방 |
| 鉛筆 | 연필 | 温泉 | 온천 | カフェ | 카페 |
| 美味しい | 맛있다 | **カ行** | | 我慢する | 참다 |
| おいしい物 | 맛있는 것 | ～課 | -과 | 紙 | 종이 |
| 美味しく | 맛있게 | ～が | -가 / 이 | 画面 | 화면 |
| 応援する | 응원하다 | カード | 카드 | 通う | 다니다 |
| 多い | 많다 | ～階 | -층 | 火曜日 | 화요일 |
| 大きい | 크다 | ～回、番 | -번 | ～から(時間) | -부터 |
| 大きい声 | 큰 소리 | 海外 | 해외 | ～から(場所) | -에서 |
| 大掃除 | 대청소 | 会議 | 회의 | 辛い | 맵다 |
| お菓子 | 과자 | 会議する | 회의하다 | カラオケ店 | 노래방 |
| お金 | 돈 | 外国語 | 외국어 | 軽い | 가볍다 |
| 沖縄 | 오키나와 | 会社 | 회사 | カルグクス(韓国風うどん) | 칼국수 |
| お客さん | 손님 | 会社員 | 회사원 | | |
| 起きる | 일어나다 | 外出する | 외출하다 | カルビ | 갈비 |
| 置く | 놓다 | 外食 | 외식 | カルビタン(カルビスープ) | 갈비탕 |
| 送る | 보내다 | 買う | 사다 | | |
| 遅れる | 늦다 | 帰る、戻る | 돌아가다 | 彼氏(恋人) | 남자 친구 |

| | | | | | |
|---|---|---|---|---|---|
| カレンダー | 달력 | 興味、関心 | 관심 | 子犬 | 강아지 |
| カロリー | 칼로리 | キョンボックン (景福宮、地名) | 경복궁 | 公園 | 공원 |
| 可愛い | 귀엽다, 예쁘다 | 嫌う、嫌がる | 싫어하다 | 合格する | 합격하다 |
| 観光 | 관광 | 着る、(ズボンを)履く | 입다 | ～号線 | -호선 |
| 韓国 | 한국 | きれいだ | 예쁘다, 깨끗하다 | 校長室 | 교장실 |
| 韓国語 | 한국어, 한국말 | 気を付ける | 조심하다 | 交通 | 교통 |
| 韓国式軽食 | 분식 | 銀行 | 은행 | 交通系 IC カード | 교통카드 |
| 韓国人 | 한국 사람 | 銀行員 | 은행원 | 公務員 | 공무원 |
| 韓国料理 | 한국 요리, 한식 | キンパ | 김밥 | 声、音 | 소리 |
| 看護師 | 간호사 | キンパ屋 | 김밥집 | コート | 코트 |
| 漢字 | 한자 | 金曜日 | 금요일 | コーヒー | 커피 |
| カンジャンケジャン (かにのしょうゆ漬け) | 간장게장 | 空気清浄機 | 공기청정기 | コーラ | 콜라 |
| 簡単だ | 간단하다 | 薬 | 약 | 語学研修 | 어학연수 |
| 韓定食 | 한정식 | ください | 주세요 | 故郷 | 고향 |
| カンナム (江南、地名) | 강남 | 口 | 입 | 国際問題 | 국제문제 |
| 韓服、チマチョゴリ | 한복 | 靴、履物 | 구두, 신발 | 国内 | 국내 |
| 黄色 | 노란색 | クッキー | 쿠키 | 告白する | 고백하다 |
| 聞く | 듣다 | 靴下 | 양말 | 国連(UN) | 유엔 |
| 記者 | 기자 | ぐっすり、ゆっくり | 푹 | ここ | 여기 |
| 季節 | 계절 | 国 | 나라 | 午後 | 오후 |
| ギター | 기타 | 熊 | 곰 | ここで | 여기서 |
| 期待される | 기대되다 | 曇る | 흐리다 | 心 | 마음 |
| 期待する | 기대하다 | 暗い | 어둡다 | 腰 | 허리 |
| 狐 | 여우 | クリスマス | 크리스마스 | コスメショップ | 화장품 가게 |
| 昨日 | 어제 | 来る | 오다 | 午前 | 오전 |
| 寄付 | 기부 | 車、自動車 | 자동차 | こちら | 이쪽 |
| 期末試験 | 기말 시험 | グルメ店 | 맛집 | 小包 | 소포 |
| キムチ | 김치 | 黒色 | 검정색 | コップ | 컵 |
| キムチキンパ | 김치김밥 | 計画 | 계획 | 今年 | 올해 |
| キムチチゲ | 김치찌개 | 携帯電話 | 핸드폰 | ～ごとに、毎～ | -마다 |
| キャンセルする、取り消す | 취소하다 | 芸能人 | 연예인 | 言葉 | 말 |
| ～級 | -급 | ケーキ | 케이크 | 子供 | 아이 |
| 休暇 | 휴가 | ゲーム | 게임 | この | 이 |
| 休憩室 | 휴게실 | ゲームをすること | 게임하기 | ご飯 | 밥 |
| 九州 | 규슈 | 劇場 | 극장 | ゴミ | 쓰레기 |
| 九州新幹線 | 규슈 신칸센 | 景色 | 경치 | 混む、詰まる | 막히다 |
| 牛肉 | 소고기 | 消しゴム | 지우개 | ごめんなさい | 미안해요 |
| 牛乳 | 우유 | 消す | 끄다 | これ | 이것, 이거 (이것의 縮約形) |
| キュウリ | 오이 | 結婚する | 결혼하다 | これが | 이게 (이것이의 縮約形) |
| 今日 | 오늘 | 月曜日 | 월요일 | これは | 이건 (이것은의 縮約形) |
| 教育実習 | 교육실습 | けんかする | 싸우다 | 今月 | 이번 달 |
| 教科書 | 교과서 | 元気に過ごす | 잘 지내다 | コンサート | 콘서트 |
| 餃子 | 만두 | 現金 | 현금 | 今週 | 이번 주 |
| 教室 | 교실 | 健康だ | 건강하다 | 今度 | 다음에 |
| 兄弟 | 형제 | 剣道 | 검도 | 今度(の) | 이번 |
| 京都 | 교토 | 見物する | 구경하다 | | |
| | | ～個 | -개 | | |
| | | ～後 | -후 | | |

| | | | | | |
|---|---|---|---|---|---|
| こんにちは、おはようございます、こんばんは | 안녕하세요? | 実力 | 실력 | 知らせる | 알리다 |
| コンビニ | 편의점 | ～して、くて | -고 | 知らない、分からない | 모르다 |
| コンピューター | 컴퓨터 | ～してください | -아 / 어 주세요 | 尻 | 엉덩이 |
| **サ行** | | ～してください、 | -(으)세요 | 資料 | 자료 |
| サークル | 동아리 | ～されます | | 白色 | 흰색 |
| サーフィンをする | 서핑하다 | ～してみる | -아 / 어 보다 | 新幹線 | 신칸센 |
| ～才 | -살 | 自転車 | 자전거 | 信じる | 믿다 |
| 最近、近頃 | 요즘 | 自動車学校 | 자동차 운전 학원 | 人生 | 삶 |
| 最高 | 최고 | ～しない、～くない | 안-, -지 않다 | 親切だ | 친절하다 |
| 最新 | 최신 | ～しないで下さい | -지 마세요 | 新築の家、新しい家 | 새 집 |
| 財布 | 지갑 | ～しに行く | -(으)러 가다 | 心配だ | 걱정이다 |
| サイン | 사인 | 支払う、計算する | 계산하다 | 心配になる | 걱정이 되다 |
| 探してみる | 찾아보다 | ジブリ | 지브리 | 新聞 | 신문 |
| 探す、(お金を)おろす | 찾다 | ～しましょう | -(으)ㅂ시다 | 心理学 | 심리학 |
| 先に、まず | 먼저 | ～しましょうか | -(으)ㄹ까요? | 水泳 | 수영 |
| 咲く | 피다 | ～しますね | -(으)ㄹ게요 | スイカ | 수박 |
| 昨年 | 작년 | 事務室、オフィス | 사무실 | 推薦する、勧める | 추천하다 |
| 桜 | 벚꽃 | 閉める | 닫다 | 水曜日 | 수요일 |
| ～冊 | -권 | ジャージャー麺 | 짜장면 | スーパー | 마트 |
| サッカー | 축구 | 釈迦誕生日 | 석가탄신일 | スカート | 치마 |
| さっき | 아까 | 写真 | 사진 | スキー | 스키 |
| 雑誌 | 잡지 | 写真を撮ること | 사진 찍기 | 好きだ、好む | 좋아하다 |
| サツマイモ | 고구마 | 社長 | 사장님 | すき焼き | 스키야키 |
| 寂しい | 외롭다 | 週間 | 주일 | すぐ | 곧 |
| 寒い | 춥다 | 住所 | 주소 | スケート | 스케이트 |
| サムギョプサル | 삼겹살 | 就職する | 취직하다 | 少し | 조금 |
| サムゲタン(参鶏湯) | 삼계탕 | 週末 | 주말 | 少しだけ | 조금만 |
| さようなら(去っていく人に) | 안녕히 가세요 | 授業 | 수업 | 過ごす | 지내다 |
| | | 塾、教室、予備校 | 학원 | 寿司 | 초밥 |
| さようなら(残っている人に) | 안녕히 계세요 | 祝賀 | 축하 | ステーキ | 스테이크 |
| | | 宿題 | 숙제 | 素敵だ | 멋지다 |
| 騒ぐ | 떠들다 | 宿題する | 숙제하다 | 捨てる | 버리다 |
| ～さん、氏 | -씨 | 出発する | 출발하다 | ストレス | 스트레스 |
| サングラス | 선글라스 | 趣味 | 취미 | スパゲッティ | 스파게티 |
| サンチュ | 상추 | 紹介 | 소개 | スプーン | 숟가락 |
| 散歩する | 산책하다 | 紹介する | 소개하다 | 酢豚 | 탕수육 |
| ～時 | -시 | 将棋 | 장기 | スペイン | 스페인 |
| ジーンズ | 청바지 | 少々、しばらく | 잠시만 | スペイン語 | 스페인어 |
| 塩辛い | 짜다 | 上手だ、得意だ、できる | 잘하다 | ズボン | 바지 |
| 時間 | 시간 | | | すみません(呼びかけ)、こちらです(物を渡すときに) | 여기요 |
| 試験 | 시험 | 小説 | 소설 | | |
| 自己 | 자기 | 冗談 | 농담 | 住む、暮らす | 살다 |
| 仕事、こと | 일 | ～しようと思う | -(으)려고하다 | スモモ | 자두 |
| 仕事する、働く | 일하다 | ジョギングする | 조깅하다 | する | 하다 |
| 辞書 | 사전 | 食事する | 식사하다 | ～することができない | -(으)ㄹ 수 없다 |
| 静かだ | 조용하다 | 食堂 | 식당 | ～することができる | -(으)ㄹ 수 있다 |
| 下 | 아래 | ショッピング | 쇼핑 | ～するつもりだ、~るだろう、しそうだ | -겠다 |
| ～したい | -고 싶다 | ショッピングする | 쇼핑하다 | | |
| | | 書店 | 서점 | ～するつもりです | -(으)ㄹ 거예요 |

155

| | | | | | | |
|---|---|---|---|---|---|
| 座る | 앉다 | 台所 | 부엌 | 中華料理 | 중식 |
| 生活する | 생활하다 | 大変だ、つらい、しんどい | 힘들다 | 中国 | 중국 |
| セーター | 스웨터 | たい焼き | 붕어빵 | 駐車 | 주차 |
| 世界地図 | 세계지도 | 高い | 비싸다 | 中秋節、秋夕（旧暦のお盆） | 추석 |
| 咳 | 기침 | たくさん | 많이 | 注文する | 시키다, 주문하다 |
| 説明する | 설명하다 | タクシー | 택시 | 蝶 | 나비 |
| ぜひ、必ず | 꼭 | タクシー代 | 택시비 | 調査 | 조사 |
| 狭い | 좁다 | 出す、支払う | 내다 | 貯金 | 저금 |
| 先月 | 지난달 | ダチョウ | 타조 | チョコレート | 초콜릿 |
| 専攻する | 전공하다 | タッカルビ | 닭갈비 | （あとに）ついて行く | 따르다 |
| 全国一周 | 전국 일주 | タッカンマリ（鶏の水炊き） | 닭한마리 | 使う | 쓰다 |
| 選手 | 선수 | 卓球 | 탁구 | つかむ、握る | 잡다 |
| 先週 | 지난주 | 建物 | 건물 | 疲れる | 피곤하다 |
| 全身 | 온몸 | 多分 | 아마 | 付き合う | 사귀다 |
| 先生 | 선생님 | 食べ物、料理 | 음식, 요리 | 次の駅 | 다음 역 |
| 全然 | 전혀 | 食べる | 먹다 | 机 | 책상 |
| センチメートル | 센티미터 | 卵、鶏卵 | 계란 | 作る | 만들다 |
| 先輩 | 선배 | たまに | 가끔 | 漬ける | 담그다 |
| 扇風機 | 선풍기 | 誰 | 누구 | 点ける | 켜다 |
| 掃除 | 청소 | 誰が | 누가 | 冷たい | 차갑다, 차다 |
| 掃除する | 청소하다 | 単語 | 단어 | 強く | 세게 |
| そうですか | 그래요? | 誕生日 | 생일 | 手 | 손 |
| ソウル | 서울 | 誕生日パーティー | 생일파티 | ～で（場所・位置） | -에서 |
| そこ | 거기 | タンス、クローゼット | 옷장 | ～で（手段・方法） | -(으)로 |
| そして | 그리고 | ダンス | 댄스 | 提出する | 제출하다 |
| 卒業後 | 졸업후 | 短パン、半ズボン | 반바지 | ディズニー | 디즈니 |
| 卒業式 | 졸업식 | 小さい | 작다 | ～でいらっしゃいます | -(이)세요 |
| 外 | 밖 | チーズタッカルビ | 치즈닭갈비 | ～ている | -고 있다 |
| その | 그 | チーズホットドッグ | 치즈핫도그 | デート | 데이트 |
| そのような、そういう | 그런 | チーム | 팀 | 出かける、外出する | 나가다 |
| 祖父 | 할아버지 | チェジュド（済州島、地名） | 제주도 | 手紙 | 편지 |
| 祖母 | 할머니 | 地下 | 지하 | できる、生じる | 생기다 |
| 空 | 하늘 | 違う、異なる | 다르다 | テコンドー | 태권도 |
| それ | 그것, 그거（그것の縮約形） | 近く、近所 | 근처 | デザイン | 디자인 |
| それが | 그게（그것이の縮約形） | 地下鉄 | 지하철 | ～でしょう、～よね | -지요(죠)? |
| それで | 그래서 | 地下鉄駅 | 지하철역 | ～です（か）（かしこまった丁寧形） | -입니다(까?) |
| それは | 그건（그것은の縮約形） | チキン | 치킨 | ～です（か）（打ち解けた丁寧形） | -예요(?)/이에요(?) |
| そろそろ | 슬슬 | チケット、切符 | 표 | ～ですね、～ますね | -네요 |
| そんなに、そのように | 그렇게 | 遅刻する | 지각하다 | 手帳 | 수첩 |
| **タ行** | | 父 | 아버지 | 手伝う | 돕다 |
| ～台 | -대 | チヂミ | 부침개 | テニス | 테니스 |
| 体育 | 체육 | チムジルバン（韓国式岩盤浴） | 찜질방 | では、じゃあ | 그럼 |
| 退院する | 퇴원하다 | チャート | 차트 | ～ではありません | -가 / 이 아니에요 |
| 大学 | 대학, 대학교 | チャプチェ | 잡채 | デパート、百貨店 | 백화점 |
| 大学生 | 대학생 | チャンポン | 짬뽕 | でも | 그래도 |
| 大丈夫だ、結構だ | 괜찮다 | | | でも、しかし | 하지만 |

| | |
|---|---|
| 出る | 나오다 |
| テレビ | 텔레비전 |
| テレビショッピング | 홈쇼핑 |
| 店員 | 종업원 |
| 天気 | 날씨 |
| 電車 | 전철 |
| 伝統茶 | 전통차 |
| 電話 | 전화 |
| 電話する | 전화하다 |
| ～と | -과 / 와 (하고) |
| ～と、～たら、～ば | -(으)면 |
| ドイツ | 독일 |
| トイレ | 화장실 |
| トイレットペーパー | 화장지 |
| 唐辛子 | 고추 |
| 東京 | 도쿄 |
| 当選する | 당첨되다 |
| どうだ | 어떻다 |
| 到着する | 도착하다 |
| どうですか | 어때요? |
| 豆腐チゲ | 두부찌개 |
| 遠い | 멀다 |
| 読書 | 독서 |
| 特に | 특히 |
| 時計 | 시계 |
| どこ | 어디 |
| ところで、ところが | 그런데 |
| 登山 | 등산 |
| 都市 | 도시 |
| 図書館 | 도서관 |
| トックク(雑煮) | 떡국 |
| トッポギ | 떡볶이 |
| とても、極めて | 아주 |
| とても、実に、本当に | 참 |
| とても、ずいぶん | 너무 |
| どの | 어느 |
| どのくらい | 얼마 동안 |
| どのように、どうやって | 어떻게 |
| 友達 | 친구 |
| 土曜日 | 토요일 |
| ドライブ | 드라이브 |
| ドライブする | 드라이브하다 |
| ドラマ | 드라마 |
| 撮る | 찍다 |
| 取る | 따다 |
| どれ | 어느 것, 어느 거 (어느 것의 縮約形) |
| どれが | 어느 게 (어느 것 이의 縮約形) |

| | |
|---|---|
| どれくらい、どのくらい | 얼마나 |
| トンデムン市場 (東大門市場, 地名) | 동대문시장 |
| どんぶり | 돈부리 |

### ナ行

| | |
|---|---|
| ない、いない | 없다 |
| 中 | 안 |
| 仲、間柄 | 사이 |
| 長い | 길다 |
| なぜですか | 왜요? |
| 夏 | 여름 |
| 何 | 무엇, 뭐 (무엇の縮約形) |
| 何が | 뭐가 (무엇이の縮約形) |
| 何を | 뭘 (무엇을の縮約形) |
| 名前 | 이름 |
| 波 | 파도 |
| 涙 | 눈물 |
| 習う、学ぶ | 배우다 |
| なる | 되다 |
| 縄跳び | 줄넘기 |
| 何～ | 몇 |
| 何回も | 여러 번 |
| 南極 | 남극 |
| 何ですか | 뭐예요? |
| 何日 | 며칠 |
| 何の、どの | 무슨 |
| ～に(人) | -에게(한테), -께 |
| ～に | -에 |
| 似合う | 어울리다 |
| 肉 | 고기 |
| 偽物 | 가짜 |
| ～日 | -일 |
| 日曜日 | 일요일 |
| ～になる | -가 / 이 되다 |
| 日本 | 일본 |
| 日本語 | 일본어 |
| 日本人 | 일본 사람 |
| 荷物 | 짐 |
| 入学 | 입학 |
| 入場 | 입장 |
| ニュース | 뉴스 |
| 鶏 | 닭 |
| 人気 | 인기 |
| ～人前 | -인분 |
| 値切る | 깎다 |

| | |
|---|---|
| 猫 | 고양이 |
| 値段 | 값 |
| 熱 | 열 |
| 熱が出る | 열이 나다 |
| ネットカフェ | PC방 |
| 寝坊 | 늦잠 |
| 眠り | 잠 |
| 寝る | 자다 |
| ～年 | -년 |
| ～年生 | -학년 |
| 年齢 | 나이 |
| ～の | -의 |
| ノート | 노트 |
| ノートパソコン | 노트북 |
| ～ので、から | -기 때문에 |
| 喉、首 | 목 |
| 伸びる、増える | 늘다 |
| 海苔 | 김 |
| 乗る | 타다 |

### ハ行

| | |
|---|---|
| ～は | -는 / 은 |
| パーティー | 파티 |
| はい | 네, 예 |
| ～杯 | -잔 |
| バイオリン | 바이올린 |
| 売店 | 매점 |
| バイト | 알바 |
| 俳優 | 배우 |
| 履く(ズボンを) | 입다 |
| 履く(履物を) | 신다 |
| 白菜 | 배추 |
| ハサミ | 가위 |
| 箸 | 젓가락 |
| 橋 | 다리 |
| 始める | 시작하다 |
| パスタ | 파스타 |
| 畑 | 밭 |
| バックパック旅行 | 배낭여행 |
| 発表 | 발표 |
| 派手だ | 화려하다 |
| 花 | 꽃 |
| 鼻 | 코 |
| 話 | 얘기, 이야기 |
| 話す | 이야기하다 |
| バナナ | 바나나 |
| 花見 | 꽃구경 |
| 鼻水 | 콧물 |
| 花屋 | 꽃집 |
| ～は何ですか | -가 / 이 뭐예요? |

| 母 | 어머니 |
|---|---|
| 早い | 빠르다 |
| 早く | 일찍 |
| 早く、速く、早めに | 빨리 |
| 腹 | 배 |
| バラ | 장미 |
| バランスよく、均等に | 골고루 |
| 春 | 봄 |
| 春休み | 봄방학 |
| バレエ | 발레 |
| 晴れる | 맑다 |
| パン | 빵 |
| ハンカチ | 손수건 |
| ハンガン(漢江、地名) | 한강 |
| ハンバーガー | 햄버거 |
| パン屋 | 빵집 |
| 日 | 날 |
| ピアノ | 피아노 |
| ビール | 맥주 |
| 日傘 | 양산 |
| ～匹 | -마리 |
| 飛行機 | 비행기 |
| ひざ | 무릎 |
| ビザ | 비자 |
| ピザ | 피자 |
| 久しぶり | 오래간만 |
| 額 | 이마 |
| 左側 | 왼쪽 |
| 引っ越しする | 이사하다 |
| 人 | 사람 |
| 一人 | 혼자 |
| ビビンバ | 비빔밥 |
| 美容院 | 미용실 |
| 病院 | 병원 |
| 美容師 | 미용사 |
| 昼 | 낮 |
| 昼、昼ご飯 | 점심 |
| 昼寝 | 낮잠 |
| 広い | 넓다 |
| 広げる、開く | 펴다 |
| ピンク色 | 분홍색 |
| 夫婦 | 부부 |
| 吹く | 불다 |
| 服 | 옷 |
| 復習する | 복습하다 |
| プサン(釜山、地名) | 부산 |

| 節々が痛い | 쑤시다 |
|---|---|
| ブタ | 돼지 |
| 豚肉 | 돼지고기 |
| 普通、普段 | 보통 |
| 物価 | 물가 |
| プッチョン(北村韓屋村、地名) | 북촌 한옥마을 |
| 筆箱 | 필통 |
| ブドウ | 포도 |
| 不便だ | 불편하다 |
| 踏む | 밟다 |
| 冬 | 겨울 |
| フランス | 프랑스 |
| 降る | (비가)오다 |
| プルゴギ | 불고기 |
| プルゴギバーガー | 불고기버거 |
| プレゼン資料 | PPT 자료 |
| プレゼント、贈り物 | 선물 |
| ～分 | -분 |
| 雰囲気 | 분위기 |
| 平日 | 평일 |
| ～ページ | -페이지 |
| ベッド | 침대 |
| 別々に | 따로 |
| 部屋 | 방 |
| 勉強 | 공부 |
| 貿易 | 무역 |
| 方言 | 사투리 |
| 帽子 | 모자 |
| ホームステイ | 홈스테이 |
| ボールペン | 볼펜 |
| 北海道 | 홋카이도 |
| ホットク | 호떡 |
| ホテル | 호텔 |
| ほとんど | 거의 |
| ボランティア | 봉사 |
| 本 | 책 |
| 本棚 | 책장 |
| 本当ですか | 정말요?, 진짜요? |
| 本当に | 정말, 진짜 |

### マ行

| ～枚 | -장 |
|---|---|
| 毎日 | 매일 |
| 前 | 앞 |
| 負ける | 지다 |
| ～ました、でした | -았 / 었어요 |
| 真面目だ | 성실하다 |
| ～ます、です | -ㅂ니다 / 습니다 |
| 混ぜる | 비비다 |

| まだ | 아직 |
|---|---|
| 待つ | 기다리다 |
| マッコリ | 막걸리 |
| ～まで | -까지 |
| 窓 | 창문 |
| 右側 | 오른쪽 |
| 短い | 짧다 |
| 水 | 물 |
| 店 | 가게 |
| 道 | 길 |
| 耳 | 귀 |
| ミョンドン(明洞、地名) | 명동 |
| 見る | 보다 |
| みんな、すべて、全部 | 다 |
| 蒸す | 찌다 |
| 難しい | 어렵다 |
| 胸 | 가슴 |
| 無理する | 무리하다 |
| 目 | 눈 |
| ～名 | -명 |
| 名物 | 명물 |
| メール | 메일 |
| 眼鏡 | 안경 |
| 召し上がる | 드시다 |
| メニュー | 메뉴 |
| メモ | 메모 |
| 免税店 | 면세점 |
| 面接 | 면접 |
| ～も | -도 |
| もう一度、また | 다시 |
| 木曜日 | 목요일 |
| 沐浴 | 목욕 |
| もっと、さらに、より | 더 |
| ～もの、こと、の | -것 |
| 物の値段 | 물건값 |
| もらう | 받다 |
| 門 | 문 |
| 問題 | 문제 |

### ヤ行

| 野球 | 야구 |
|---|---|
| 約束 | 약속 |
| 夜景 | 야경 |
| 野菜 | 야채 |
| 優しい | 착하다 |
| 易しい、簡単だ | 쉽다 |
| 安い | 싸다 |
| 休み | 휴가, 방학 |
| 休む | 쉬다 |

| | | | |
|---|---|---|---|
| 痩せる | 살을 빼다 | 理由 | 이유 |
| 薬局 | 약국 | 留学生 | 유학생 |
| 山 | 산 | 流行する | 유행하다 |
| 止む | 그치다 | 料理 | 요리 |
| ヤンニョムチキン | 양념치킨 | 料理人 | 요리사 |
| 遊園地 | 놀이동산 | 緑茶 | 녹차 |
| 優雅 | 우아 | 旅行 | 여행 |
| 夕方、晩ご飯 | 저녁 | 旅行者 | 여행사 |
| 雪 | 눈 | 旅行する | 여행하다 |
| 友情 | 우정 | リンゴ | 사과 |
| 優勝する | 우승하다 | 冷蔵庫 | 냉장고 |
| 有名だ | 유명하다 | レポート | 리포트 |
| 遊覧船 | 유람선 | 練習 | 연습 |
| 柚子茶 | 유자차 | 練習する | 연습하다 |
| ゆっくり | 천천히 | 連絡する | 연락하다 |
| ユッケジャン | 육개장 | ワ行 | |
| 指 | 손가락 | ワード | 워드 |
| 良い | 좋다 | 若い | 젊다 |
| 洋楽 | 팝송 | わかめスープ | 미역국 |
| 洋食 | 양식 | 我が家 | 우리집 |
| 洋服屋 | 옷 가게 | 分かる、知る | 알다 |
| ヨーロッパ | 유럽 | 和食 | 일식 |
| ヨガ | 요가 | わたくしの(私の) | 제 |
| よく、しょっちゅう | 자주 | | (저의の縮約形) |
| よくできました | 잘했어요 | 私、おれ、僕 | 나 |
| 横、隣 | 옆 | 私(나の謙譲表現) | 저 |
| 読む | 읽다 | 私達、うち | 우리 |
| 与野(党) | 여야 | 私の | 내 |
| 予約する | 예약하다 | | (나의の縮約形) |
| 余裕 | 여유 | 渡る | 건너다 |
| ～より、～拝 | 올림 | 笑う | 웃다 |
| ～より(比較) | -보다 | 悪い | 나쁘다 |
| 夜 | 밤 | ワンピース | 원피스 |
| よろしい | 괜찮으시다 | ～を | -를 / 을 |
| ラ行 | | | |
| ラーメン | 라면 | | |
| ラーメン屋 | 라면집 | | |
| ライオン | 사자 | | |
| 来月 | 다음 달 | | |
| 来週 | 다음 주 | | |
| 来年 | 내년 | | |
| ライブ | 라이브 | | |
| ライブコンサート | 라이브 콘서트 | | |
| 楽だ | 편하다 | | |
| ラグビー | 럭비 | | |
| ラケット | 라켓 | | |
| ラジオ | 라디오 | | |
| (ら)れる、お～になる | -(으)시다 | | |
| リビングルーム | 거실 | | |

---

## どんどん話そう！韓国語

---

| 検印<br>省略 | © 2022 年 1 月 30 日　初版発行 |

著　者　　　　　陸心芬<br>金由那<br>白明学<br>金昭鍈

発行者　　　　　原　雅　久<br>発行所　　　　　株式会社 朝 日 出 版 社

〒 101-0065 東京都千代田区西神田 3-3-5<br>電話 (03) 3239-0271・72 (直通)<br>振替口座　東京　00140-2-46008<br>http://www.asahipress.com/<br>欧友社／図書印刷

---

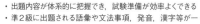

黑龙江

50°

黑龙江
松花江
哈尔滨　45°

内蒙古自治区
长春
吉林

北京市
沈阳　40°
辽宁

朝鲜　135°

呼和浩特
恒山
河北　渤海
天津市
韩国　35°

银川
太原　石家庄
山西
济南　泰山
山东　黄海
日本

陕西
黄　河
嵩山
郑州
江苏　30°
西安　华山
河南
合肥　南京
太湖　上海市
湖北　武汉　安徽　黄山　杭州
长江　庐山　浙江
重庆市　洞庭湖　鄱阳湖　东海
南昌
长沙　江西
湖南　25°
贵州　衡山
贵阳　福建
福州
台北　北回帰線

广西壮族自治区　广东
南宁　西江　广州　台湾　130°
澳门　香港　台湾海峡

海口　南海
海南　110°　115°　120°　125°

0　400　800km

# 文法力を鍛える中国語ライティング I

郭雲輝、中西裕樹、王松、唐顥芸、内田尚孝

朝日出版社